DESCRIPTIONS
DES ARTS
ET MÉTIERS.

DESCRIPTIONS
DES ARTS
ET MÉTIERS,

FAITES OU APPROUVÉES

PAR MESSIEURS

DE L'ACADÉMIE ROYALE
DES SCIENCES.

AVEC FIGURES EN TAILLE-DOUCE.

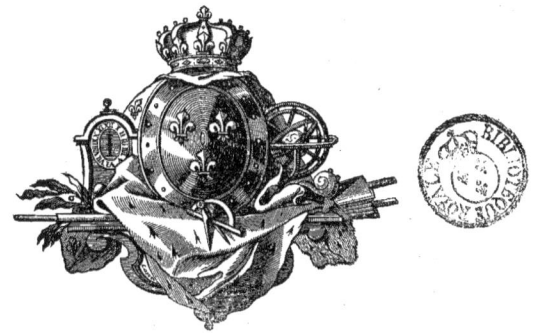

A PARIS,

Chez { SAILLANT & NYON, rue S. Jean de Beauvais;
DESAINT, rue du Foin Saint Jacques.

M. DCC. LXI.
Avec Approbation & Privilége du Roi.

ART
DU COUVREUR.

Par M. D*uhamel du* M*onceau.*

M. DCC. LXVI.

L'ART
DU COUVREUR.

Par M. Duhamel du Monceau.

INTRODUCTION.

De tout temps l'homme s'eft vu dans la néceffité de chercher un abri contre les injures de l'air. La vie errante que menerent prefque toutes les familles des premiers fiecles; & le défaut d'outils, les réduifirent à n'avoir d'autres retraites que les antres & les cavernes. Les premiers logements ont été proportionnés aux circonftances locales que préfentoit chaque climat, & relatifs aux lumieres & au génie des différents peuples. Les bois offroient tant de facilités à l'homme pour fe conftruire un logement, que l'on en aura profité d'abord dans ces temps reculés. Les rofeaux, les herbes, les branches, les feuilles & les écorces des arbres ont été les premiers matériaux dont on a fait ufage. On a commencé par entrelacer groffiérement les branches des arbres; on les a foutenues fous quelques perches, & l'on a recouvert ces premieres cabanes de feuilles ou de gazon. Leur forme étoit fans doute circulaire: un trou pratiqué à la pointe du toit, donnoit iffue à la fumée du foyer, placé dans le milieu de la cabane. Ces bâtiments n'exigeoient ni grands apprêts ni grandes connoiffances.

On voit encore de nos jours dans différentes contrées des deux Indes quantité de cabanes conftruites auffi groffiérement que dans les premiers temps du monde. On voit dans les pays les plus feptentrionaux, & par conféquent les plus froids, des cabanes entiérement conftruites avec des peaux & des os de chien de mer ou d'autres grands poiffons.

Dans le Nord de la Suede, les toits des maifons font prefque à plat; on fe contente d'étendre fur les folives du plancher fupérieur & qui tiennent lieu de chevrons, de l'écorce de bouleau, dont la fubftance eft prefque incorruptible; & on recouvre ces écorces d'une épaiffeur de terre fuffifante pour y pouvoir femer du gazon.

Au Pérou, & fur-tout à Lima, où il ne pleut jamais; les maifons font terminées en terraffes, qui ne confiftent que dans une claie très-ferrée, fur laquelle on répand à une certaine épaiffeur du fable fin; & cela fuffit pour recevoir & abforber les rofées qui y font journalieres & très-abondantes.

L'Architecture civile a fait de fi grands progrès parmi nous, que la partie

COUVREUR. A

qui concerne la couverture, des bâtiments est maintenant regardée comme le moindre objet, parce qu'il est celui de la moindre dépense, relativement au reste.

Cependant l'art de couvrir les toits exige plus d'attention qu'on ne pense: il est bien essentiel, pour la conservation d'un bâtiment, que la couverture soit faite avec intelligence, & entretenue avec soin; un semblable travail entrepris & exécuté par un Ouvrier infidele ou mal habile, occasionneroit la ruine du bâtiment le plus solide, après l'avoir rendu inhabitable par sa négligence ou sa friponnerie, dont les premiers effets seroient la pourriture des charpentes & la dégradation des murailles.

Pour qu'un toit soit exactement recouvert, on doit exiger du Couvreur que l'eau n'y puisse jamais pénétrer, soit par les *noues*, soit par les *faîtieres*, ni qu'elle puisse s'insinuer dans les murs par les égouts.

Quand on termine par une terrasse un bâtiment voûté, on la recouvre avec des chapes de ciment, ou avec du plomb, ou avec de larges tablettes de pierre dure, dont on réunit les joints avec des mastics, de différente espece.

On couvre certains grands édifices avec du plomb, ou des lames de cuivre, ou avec de la tôle de fer.

Comme ces sortes d'ouvrages ne sont pas du ressort des Couvreurs ordinaires, & que les terrasses & les couvertures où l'on emploie des métaux s'exécutent par d'autres Ouvriers, nous nous dispenserons d'en parler ici, ne voulant maintenant nous occuper que de ce que nous appellons *l'Art du Couvreur*.

En France, on fait les couvertures des bâtiments: 1°, avec du chaume ou du roseau: 2°, avec du bardeau, qui est fait de douves de vieilles futailles, du merrain: 3°, avec de la tuile qui est une terre cuite: 4°, avec de l'ardoise, pierre feuilletée, que l'on tire de quelques carrieres particulieres, & dont M Fougeroux, de l'Académie Royale des Sciences, a donné une description très-détaillée, qui a été imprimée, & qui fait partie du Recueil des Arts décrits par la même Académie: 5°, avec certaines pierres plates que l'on appelle *Laves*, & qui se trouvent dans quelques cantons de la Bourgogne. M. le Marquis de Courtivron, de notre Académie, nous a mis en état de faire mention de cette espece particuliere de couverture, en nous communiquant un Mémoire que l'on trouvera imprimée à la suite de la description de l'Art que nous mettons au jour.

CHAPITRE I.

Des Couvertures faites avec du Chaume ou avec du Roseau.

Pour faire une couverture solide avec du chaume, on recommande aux Moissonneurs de couper les froments assez haut pour qu'il reste une plus grande longueur de paille sur terre: c'est la partie du pied de cette paille qui est la plus forte, & qu'on appelle *le chaume A* (*Pl. I. fig.* 1.); c'est celle qui a le plus de consistance, & qui fait une bien plus solide couverture que ne pourroit faire la paille ordinaire. Dans les années où les fourrages sont forts & très-élevés, les chaumes donnent une meilleure couverture que lorsqu'ils sont bas & menus.

On emploie de préférence, le chaume de seigle pour couvrir les glacieres, parce qu'il est important que ces couvertures ne puissent donner aucun passage à l'air ; au défaut de chaume de seigle, la paille la plus menue est la plus propre à employer pour cet usage.

Les Paysans qui sont chargés de ramasser le chaume, se servent quelquefois pour cela d'un *Fauchon*, qui est un instrument composé d'une courte lame de faux d'environ un pied de longueur, emmanchée d'un bois de 12 à 14 pouces de long. Pour faire ce travail, ils se mettent un genou en terre, s'ils ne veulent pas se tenir le corps très-courbé. Ils saisissent le chaume avec la main gauche, & de la droite ils coupent cette poignée avec le fauchon : s'il arrive que le chaume ait été foulé, ou qu'il soit mouillé, ils se servent alors, pour le ramasser, d'un rateau à dents de fer, qu'on appelle *Fauchet*.

Dans quelques endroits, on coupe le chaume B, avec une petite faux, qu'on nomme *Chaumette*, dont la lame n'a que 15 à 18 pouces de longueur (*fig.* 19), & qui est emmanchée de façon que la lame, quand le manche est tenu verticalement, repose presque à plat sur le terrein. La *figure* 1 de la Planche I. fait voir, en B, un homme occupé à faucher le chaume au ras de terre; pour cela, il le rapproche avec sa faux contre le sabot de son pied gauche, qu'il doit toujours porter en avant, & il retient avec la lame de cette faux le chaume qu'il vient de couper, en l'appuyant contre son sabot ; ensuite il avance un petit pas, & donne un second coup de faux : il rapproche ainsi de son sabot une autre poignée de chaume, qui se joint à celle qu'il avoit ramassée en premier lieu ; & en répétant cinq ou six fois cette même manœuvre, il parvient à former une petite brassée de chaume, qui se trouve ramassée entre la faux & son sabot : il pose cette brassée à côté de lui, puis en recommençant de la même façon, il travaille à en former une autre, qu'il pose auprès de la premiere : il en réunit ainsi jusqu'à cinq C (*fig.* 1), ce qui est commode pour pouvoir les compter ; car ce travail, ainsi que l'emploi du chaume pour la couverture d'un toit, se paye au millier de poignées semblables à celles que nous venons de décrire. On transporte ensuite le chaume auprès du lieu où l'on doit l'employer en couverture ; là on l'amoncele en gros tas formés, comme on le voit en D (*fig.* 1).

Comme le chaume fait une couverture légere, il est par conséquent inutile de donner beaucoup de force à la charpente du toit ; mais il faut aussi que le toit ne soit ni trop plat, ni trop roide : s'il étoit trop plat, l'eau y couleroit trop lentement, & pourroit pénétrer plus aisément dans le chaume, ce qui le pourriroit en peu de temps ; si au contraire le toit étoit trop roide, plusieurs parties du chaume s'échapperoient peu à peu, & on appercevroit bientôt l'eau des pluies pénétrer dans le bâtiment. On observe ordinairement de donner au toit une pente de 45 degrés : cela regarde le Charpentier qui chevale & brandit les chevrons sur le faîte E (*fig.* 6), ainsi que sur les pannes F, & qui les fait déborder de 18 pouces de la face extérieure du mur, afin que le Couvreur en chaume puisse former l'égout pendant G.

On pose ordinairement les chevrons à deux pieds de distance les uns des autres, à compter du milieu d'un chevron au milieu d'un autre, parce qu'il suffit qu'il y ait trois chevrons sous chaque latte.

Le Couvreur commence par latter le toit ; il cloue les cours de lattes H, à six ou sept pouces de distance sur les chevrons. Dans les endroits où le bois est rare, par exemple, en Picardie, en Beauce, &c. on n'emploie point de lattes clouées; on y substitue de menues perches de 6 ou 7 pieds de longueur, qu'on attache avec des harts sur des chevrons de brin, qui ordinairement ne sont pas équarris, & qui sont arrêtés avec des chevilles de bois sur la panne & sur le faîtage; on les chevauche même inégalement sur les pannes, & on n'observe point de les poser au bout les unes des autres. Cette partie de charpente grossiere s'exécute par les mêmes Ouvriers, qui entreprennent la couverture de chaume.

La Charpente étant établie, le Couvreur javelle le chaume I (*fig.* 5) : il se sert pour cela d'une faucille qu'il tient de la main droite; il prend au meulon D, une petite brassée de chaume, qu'il secoue à terre pour faire tomber peu à peu les brins, & les égaler; il donne toutes ces secousses dans un même sens, & arrange les brins de chaume à peu-près parallélement les uns aux autres : s'il arrive qu'il laisse tomber quelque poignée un peu grosse, qui ne s'arrange pas bien, il la reprend & la divise avec la pointe de sa faucille, pour en mieux arranger les brins; ensuite il reprend au tas de nouveau chaume; il l'arrange de la même façon; & quand il a formé devant lui un tas d'environ 3 ou 4 pieds de longueur sur un pied d'épaisseur, & deux pieds de largeur, il fourre ses sabots sous la longueur du petit tas, & prend par petites parties le chaume qu'il vient d'arranger; il les appuie avec ses mains sur le devant de ses jambes K (*fig.* 2); il les peigne grossiérement avec ses doigts; il en presse les brins les uns contre les autres; il arrache avec ses mains les pailles qui débordent, & qui ne sont pas bien engagées avec le reste; il frappe du plat de la main sur la portion qu'il a arrangée, & il forme ainsi ce qu'on nomme *une javelle de chaume*, c'est-à-dire, un petit tas dont les brins sont fort rapprochés les uns des autres, & qui forment un tout d'une consistance suffisante; ensuite il leve cette javelle, & il la pose dans un lieu propre, sur un lien de paille : après quoi, il forme une seconde javelle, comme il a fait la prémiere ; & il lie ces deux javelles ensemble avec le même lien de paille L (*fig.* 3), afin de pouvoir les monter commodément sur le toit : quand l'Ouvrier a formé deux, trois, ou quatre cents bottes de javelles M (*fig.* 4), il commence la couverture du toit en s'y prenant de la maniere que je vais l'expliquer. J'observe ici qu'il n'est pas possible de bien javeler du chaume sec, parce qu'il est trop roide, & qu'il se rompt au lieu de s'arranger; on ne peut pas non plus faire une bonne couverture avec des javelles trop seches, ce qui oblige de les mouiller auparavant, sans quoi cette paille se romproit ; ainsi quand il fait du hâle, il faut arroser le chaume avant de le javeler, & il faut encore mouiller les javelles avant de les mettre en place : cette opération augmente un peu les frais de l'ouvrage.

Le Couvreur commence par former l'égout du toit ; & pour y parvenir, il choisit le chaume, de meilleure qualité, & en forme des javelles d'environ 4 pieds de longueur ; il lie une de ces grandes javelles au quart de sa longueur, par un enlacement d'osier long a, b (*fig.* 7) ; il en appointit le gros bout b, & il tortille le bout menu a, & y fait une boucle ; il pique cet osier dans la javelle de a en b (*fig.* 8) ; il en entoure la portion a, b ; il passe ensuite l'osier dans la boucle b, après quoi il serre fortement la premiere

portion

portion *a b* de la javelle ; puis il pique l'ofier en *c* ; il le pique encore par le deſſous en *d* ; enfin en le faiſant revenir par le bord *e* , il ſerre fortement la portion *e d*, comme il l'a pratiqué à l'autre bord de la javelle *a b* : en faiſant de même à l'autre bout de la javelle, elle ſe trouve liée aux deux bouts , comme on le voit en *f g* & *h k* ; alors, avec une faucille bien tranchante, il la coupe en deux , ſuivant la ligne ponctuée *i* ; ce qui lui donne deux javelles ou *couſſinets* d'égout (*fig.* 9), qui ſe trouvent enlacés d'ofier par le milieu de leur longueur.

Quand les bâtiments ſont bas, un Manœuvre peut tendre avec une fourche les gerbes de chaume au Couvreur qui eſt monté ſur le toit ; cette fourche (*fig.* 15) eſt de fer, & ſemblable à celles dont on ſe ſert lors de la moiſſon pour charger les gerbes ſur les voitures ; mais quand les bâtiments ſont trop élevés, le Manœuvre (*fig.* 10) eſt obligé de charger les javelles ſur ſa tête , & de les monter ſur le toit à l'aide d'une échelle N.

Le Couvreur fait l'égout en arrangeant les couſſinets bien ſerrés les uns auprès des autres , de ſorte même qu'ils ſe recouvrent un peu les uns les autres par le côté : on voit un rang de couſſinets arrangés de cette façon en *o p* (*fig.* 6) ; & afin que l'égout ſe ſoutienne mieux, & même qu'il ſoit un peu retrouſſé , on met ſur la partie pendante des chevrons, en place de lattes, un cours de perches un peu groſſes, ſur leſquelles les bouts des couſſinets puiſſent s'appuyer.

Quand l'égout a été garni de couſſinets dans toute la longueur du bâtiment, le Couvreur forme ſur le pignon la bordure *P P* (*fig.* 6), avec des javelles garnies de leur lien de paille , ou, ce qui eſt encore mieux, liées avec des harts ; car comme cette bordure eſt plus expoſée que le reſte de la couverture à être emportée par le vent, le lien de paille ou la hart la mettent plus en état de réſiſter ; & c'eſt par la même raiſon que l'on a grand ſoin de lier avec des oſiers toutes les javelles des rives ou des bordures, ſoit aux chevrons, ſoit à la latte ; outre cela, on les traverſe encore avec des chevilles de bois, qu'on fait entrer à coups de maillet dans le garni de la muraille ; on en voit deux ponctuées en Q (*fig.*). Enfin, comme il eſt de la plus grande importance de fortifier cette partie contre l'effort du vent, il y en a qui mettent par deſſus le chaume, quand la couverture eſt finie , deux chevrons *R R*, chevalés à leur tête, & liés par le bas à ceux de la charpente : cette précaution eſt très-bonne.

On ſe rappellera que le Couvreur a formé l'égout avec des demi-javelles , qui font l'office de couſſinets pour relever l'égout : on voit ces couſſinets en place ſur le toit en *O P* (*fig.* 6) ; & on apperçoit leur ſituation en *a* (*fig.* 11), avec le lien d'oſier *b*, qui les tient attachés aux chevrons. On recouvre ces couſſinets d'un rang de javelles *c d* (*fig.* 11), dont l'extrémité excede les couſſinets , & on lie avec de l'oſier *b*, ces javelles *c d* aux chevrons ou à la latte.

Il faut maintenant faire attention que les javelles ſont plus épaiſſes au milieu que vers les bouts, comme on le voit dans la figure 12, qui repréſente une javelle de toute ſa longueur, & vue par ſon épaiſſeur : or la partie la plus épaiſſe *a b*, doit répondre à la queue mince du couſſinet ; la partie mince *c d* de la javelle couvre entiérement le couſſinet, & même le déborde un peu ; & la partie *e f* s'appuie ſur la latte en *c* (*fig.* 11) ; ainſi *d* (*fig.* 11) forme le pureau de cette javelle : on a encore attention que les javelles ſe recouvrent toutes les unes les autres par les côtés.

Couvreur.   B

Ce premier lit de javelles *c d* étant bien arrangé & fermement attaché sur les chevrons, on place le second rang *e f* (*fig.* 11), de façon que la partie mince *c d* de la javelle (*fig.* 12), forme le pureau *f*, & qu'elle recouvre plus de la moitié de la longueur de la premiere javelle *c d*: ainsi la partie la plus épaisse de la seconde javelle qui est représentée par *a b* (*fig.* 12), répond à la partie mince des premieres javelles *c d* (*fig.* 11). On lie les javelles du second rang sur les chevrons *b* (*fig.* 11); on les met un peu en recouvrement par les côtés sur les javelles qu'elles touchent: le Couvreur *S* (*fig.* 6) les presse fortement avec son genou & ses mains; & en continuant ainsi de rang en rang, il arrive, qu'au faîte, les deux rangs de javelles des deux côtés du toit recouvrent un peu la piece de charpente qui forme le faîte, mais non pas assez pour empêcher l'eau d'y pénétrer; c'est pourquoi on met dans toute la longueur du faîte de grandes & fortes javelles faîtieres *i k* (*fig.* 11), dont la longueur croise le faîte à angle droit: la partie épaisse de la javelle faîtiere *i k*, repose sur le faîte qu'elle croise; & les deux extrémités plus minces recouvrent d'un côté les javelles *l*, & de l'autre côté les javelles *m* (*fig.* 11); quoiqu'on lie ces javelles faîtieres au faîte même, le vent pourroit les emporter si l'on n'avoit pas la précaution de les charger avec de la terre *n*, un peu détrempée & battue avec la palette représentée par la figure 13.

Le toit étant ainsi entiérement couvert de chaume, on le laisse en cet état environ deux ou trois mois sans le finir, afin de donner aux brins de chaume le temps de s'affaisser les uns sur les autres; au bout de ce temps, le Couvreur remonte sur la couverture pour en reconnoître l'état: s'il y trouve des endroits creux, qu'on nomme des *gouttieres*, comme cela ne manque gueres d'arriver, il fourre sa palette (*fig.* 13) dans la partie du chaume qui est la plus enfoncée, & en relevant le manche de cet outil, il forme un vuide dans lequel il introduit des javelles plus ou moins épaisses, selon que l'enfoncement est plus ou moins considérable; puis avec ses mains, il unit grossiérement la couverture, en retirant & jettant à bas le chaume superflu; ensuite il bat la couverture avec le plat du peigne, pour comprimer le chaume, & détacher les brins qui ne tiennent pas suffisamment: il finit ce travail en polissant son ouvrage avec les dents du peigne (*fig.* 14).

Il ne lui reste plus que l'égout à égaler, ce qu'il fait en tirant avec la main les brins de chaume qui débordent les coussinets; & si le Couvreur s'apperçoit qu'il y ait quelque endroit qui ne soit pas assez garni de chaume, il y en remet de nouveau, en l'introduisant avec la palette (*fig.* 13). Cet instrument lui sert encore, en frappant de plat, à faire rentrer les brins de chaume qui ne débordent qu'un peu les coussinets: l'ouvrage étant ainsi ragréé, l'Ouvrier finit par mettre, avec une truelle, du mortier de terre entre la maçonnerie du pignon & le bord des javelles qui le recouvrent, & il forme en dedans les ravales avec de la maçonnerie.

On doit éviter, autant qu'il est possible, de faire des noues aux couvertures de chaume; mais quand la nécessité y oblige, il faut garnir avec de fortes javelles le fond de ces noues, en chargeant bien le noulet, afin que la noue, au lieu d'être creuse, forme un ados fort large, qui par ce moyen se lie assez bien avec les deux toits.

La même raison qui doit faire éviter les noues, doit engager à supprimer

L'ART DU COUVREUR.

les lucarnes fur de pareils toits ; il convient mieux de pratiquer une fenêtre dans le pignon, comme en *T* (*fig. 6*) ; mais fi l'on étoit contraint d'en faire une dans la couverture, il faudroit du moins la tenir fort baffe, chevaler les chevrons fur un petit faîte particulier, & les faire aboutir fur deux des chevrons de la grande charpente ; alors, en garniffant de beaucoup de chaume les noues, ou formera fur cette lucarne un arrondiffement en forme de dos de bahu. Si l'on veut élever davantage cette lucarne, il faut que les côtés foient de colombage, & la couvrir comme un toit ordinaire.

Pour faire un œil de bœuf dans les couvertures de chaume, on place entre les javelles la ferche d'une feille fans fond, on met aux côtés deux couffinets liés à la latte, & on couvre le refte avec des javelles. Mais il eft toujours mieux & plus folide de faire les toits de chaume pleins & fans aucune ouverture.

Ces fortes de couvertures font très-bonnes pour les maifons des Payfans ; elles garantiffent leurs logements de l'air chaud ou froid ; enforte qu'elles font fraîches en été, & chaudes en hiver : ces couvertures ont encore l'avantage d'épargner beaucoup fur la dépenfe de la charpente. Mais elles ne conviennent point dans les fermes, non-feulement parce qu'elles font expofées à être incendiées, mais encore parce qu'elles font fujettes à être endommagées par les pigeons & les volailles ; de plus, elles fervent de réduit aux fouines, aux fouris, aux rats, qui cherchent toujours les habitations où il y a du grain & des volailles. Quand les Payfans ramaffent eux-mêmes le chaume, il ne leur en coûte que la moitié du prix ordinaire pour le faire employer par les Couvreurs ; en conféquence, fi l'on paye à ceux-ci 14 livres par millier, il ne leur en coûte alors que 7 livres.

Réparations des Couvertures de Chaume.

EN SUPPOSANT qu'il n'arrive aucun accident étranger aux couvertures de chaume, elles doivent durer douze ou quinze ans fans avoir befoin de réparations confidérables. Quelquefois un coup de vent emporte quelques javelles ; en ce cas, on doit en fubftituer d'autres le plus promptement qu'il eft poffible, & les lier aux chevrons, pour éviter qu'elles ne foient encore emportées. Lorfqu'après des pluies confidérables accompagnées de vent, on s'apperçoit qu'il s'eft formé des gouttieres fur les couvertures, il faut y piquer, avec la palette, de petites javelles de chaume ; ces fortes d'accidents fe réparent fi aifément, que pour peu qu'un Payfan foit adroit, il peut exécuter lui-même ces petites réparations. Mais au bout de douze ou quinze ans, la fuperficie du chaume des couvertures eft pourrie, on y voit croître de l'herbe & de la mouffe : il faut alors, fi l'on veut prévenir la perte totale de la couverture, y faire une grande réparation, qu'on nomme *un manteau*. Cette réparation confifte à mettre fur toute la fuperficie de la couverture une couche de chaume neuf ; on commence par ôter tout le chaume pourri & réduit en terreau, jufqu'à ce qu'on ait découvert le chaume fain ; enfuite en commençant par l'égout, on fourre avec la palette des javelles de chaume dans toute la longueur du bâtiment ; puis en remontant toujours par des *Orgnes* horizontales, on garnit toute la couverture de javelles neuves, que l'on preffe entre les anciennes, en les appuyant avec le genou, & en les frappant avec la palette ou le plat du peigne ; après quoi on retire avec les mains tout le chaume superflu ; on peigne le manteau , comme on fait aux couvertures neuves; on remet sur le faîte des javelles faîtieres neuves; on les charge de terre; on égalise l'égout ; & on répare les rives ou bordures. Au moyen de cette réparation , ces couvertures durent encore douze ou quinze ans ; les Paysans se contentent presque toujours de faire remettre des manteaux sur leurs bâtiments ; & ils ne les recouvrent à neuf que quand la charpente a besoin d'une réparation considérable. En ce cas, ils font servir, pour la nouvelle couverture, une partie de l'ancien chaume qui se trouve ordinairement fort bon ; mais avant d'en faire des javelles , ils les délient pour en secouer le chaume, qu'ils divisent le plus qu'ils peuvent. Les brins pourris, ainsi que ceux qui se trouvent brisés, tombent sous le bon, ils mêlent ce qu'il y a de meilleur de ce chaume ancien avec du chaume neuf, & javellent le tout comme nous l'avons déja expliqué.

De la Couverture des murs en Chaume.

Un des meilleurs usages qu'on puisse faire du chaume, est d'en couvrir les murs des parcs, ceux des fermes, & généralement tous les murs qui n'exigent pas une grande propreté. Un pareille couverture, lorsqu'elle est bien faite, dure, sur un mur de clôture, vingt-cinq à trente ans; au lieu que les chaperons qu'on fait en pierre s'écroulent ou se délitent très-promptement, à moins que l'on n'ait l'attention de les asseoir sur un bon mortier de chaux & de sable, ou de ciment ; mais cette dépense est considérable.

Pour faire ces sortes de couvertures, il faut que le sommet du mur soit bien régalé, afin que les javelles puissent s'y asseoir solidement ; il est bon même pour cette raison, que les murs aient 19 à 22 pouces d'épaisseur dans le haut ; car le chaume employé sur un mur qui a peu d'épaisseur, est sujet à tomber.

On javelle le chaume comme pour couvrir les maisons ; un Ouvrier monte sur le mur, & son Manœuvre lui fournit les javelles avec une fourche : le Couvreur les délie, & il jette à bas le lien de paille; puis il prend une javelle, qu'il pose en faîtiere sur le mur $a\,b$ ($fig.$ 16), où il la presse fortement sous ses genoux & avec ses mains ; il place ensuite une seconde javelle, de maniere que ses bords recouvrent ceux de la javelle qui a été placée en premier lieu ; il presse encore celle-ci de la même maniere que la premiere , & l'arrange avec ses mains : quand il a placé ainsi successivement quatre ou cinq javelles, il se fait apporter dans un panier ($fig.$ 17) de la terre détrempée c ($fig.$ 16), qu'il répand sur le milieu des javelles qui sont déja posées; il arrange ce mortier de terre, & le bat avec la palette ; puis il continue de poser d'autres javelles dans toute la longueur de la muraille : il en faut cent pour couvrir une toise courante de muraille. Quelques-uns, pour empêcher que la pluie n'emporte la terre, chargent leur chaume avec des gazons, ou bien ils y plantent des sedum & des jourbarbes, & même de l'orpin. Les racines de ces plantes contribuent à retenir la terre qui charge les faîtieres. Quelques Couvreurs, pour rendre leur ouvrage encore plus solide, enfoncent dans le garni des chevilles à deux pieds de distance les unes des autres, de la même maniere qu'on en met aux rivets sur les pointes des pignons.

Quand

Quand les javelles sont suffisamment chargées de mortier, le Couvreur descend pour former l'égout, parce que le bout des javelles est pendant, comme on le peut voir (*fig.* 16) du côté de *a* ; & pour leur donner la forme qu'on voit du côté *b*, il tire avec la main les brins qui pendent, & il les jette à bas ; ensuite il frappe avec le plat de la palette. Si l'égout lui paroît trop mince en quelques endroits, il y fourre du chaume, à l'aide de la palette ; puis il tire peu à peu les brins qui excedent trop, & renfonce avec la palette ceux qui débordent ; quand l'égout est bien uni, il se soutient assez ferme, puisque le chaume déborde le mur de 4 à 5 pouces de chaque côté, sans être autrement soutenu.

Toutes ces manœuvres paroissent bien simples ; néanmoins il y a une certaine adresse à bien asseoir les javelles sur les murs, & à faire ensorte que le milieu des javelles soit exactement sur le milieu du mur, ainsi que la charge du mortier de terre *c* (*fig.* 16) ; c'est à quoi quelques Ouvriers réussissent mieux que d'autres, & c'est pour cette raison que l'on voit quelques-unes des couvertures de cette espece qui résistent aux vents violents, pendant que d'autres en sont renversées.

Tout le chaume qu'on a jetté à bas en finissant les couvertures, ne doit pas être perdu ; on le ramasse, & l'on en forme des javelles.

Des Couvertures de Roseau.

On fait de fort bonnes couvertures avec les roseaux qui croissent dans les marais. Comme le terrein où ils viennent est ordinairement rempli d'eau, on attend l'hyver, & on les coupe dans cette saison pendant la gelée : ils ont alors 6 pieds de hauteur ; on les coupe par la moitié avec la faucille, & l'on en fait des bottes, que l'on lie avec de la paille : ces bottes (*fig* 20) tiennent lieu de javelles de chaume. Nous avons dit que pour couvrir en chaume, on mettoit les cours de lattes à 6 pouces, les uns des autres : pour couvrir avec le roseau, on les met seulement à trois pouces, parce que comme le roseau est sujet à couler, il faut le lier en plusieurs points. On commence par former l'égout avec des coussinets de chaume ordinaire, & de la maniere que nous l'avons expliqué ci-dessus ; on fait aussi les rivets avec des javelles de chaume, ainsi que la couverture du faîte.

Les coussinets *a* (*fig.* 9 & 21) étant placés, le Manœuvre porte au Couvreur une botte de roseaux (*fig.* 20) qu'il délie, & il la pose de maniere qu'elle puisse recouvrir entierement le coussinet ; puis il l'étend un peu, mais de façon qu'il y reste une épaisseur de roseaux de 8 à 9 pouces ; il l'arrête ensuite à la latte ou aux chevrons avec un lien *b* ; puis il pose auprès de cette premiere botte une seconde, qu'il lie de la même façon ; & quand il y en a établi un lit dans toute la longueur du bâtiment, il frappe avec la palette sur le bout des roseaux pour les faire couler, de sorte que le bout de la botte qui d'abord étoit perpendiculaire comme le représente la ligne ponctuée *a b* (*fig.* 21), devient oblique comme en *x*, parce que tous les brins de roseau doivent faire une petite retraite d'environ deux ou trois lignes, les uns sur les autres ; & comme les roseaux de la partie supérieure de la botte sont plus renfoncés que ceux de l'extrémité opposée, il en résulte que le derriere de la botte perd de son épaisseur ; & elle en perd d'autant plus que cette partie de la botte est toujours la plus menue du roseau : ensuite on pose les liens *c* & *d* (*fig.* 21), en observant d'entrelacer tellement ces liens, qu'ils fassent joindre toutes les bottes du même lit les unes avec les autres : on met un second lit de bottes représenté par la ligne ponctuée *e* ; on les attache à la latte avec des liens *f* ; on fait couler les roseaux du dessus des bottes en frappant avec la palette, & on pose les liens *g* & *h* ; ce qui étant continué de toute la longueur du toit, le second rang se trouve fait ; il doit recouvrir les liens *b, c, d,* du premier rang ; en continuant ainsi ce travail dans toute la hauteur du toit, on arrive au faîte, qu'on couvre avec de grandes javelles de chaume, comme nous l'avons déja dit : il faut observer que le roseau puisse recouvrir en partie le chaume des javelles des rivets.

Ces sortes de couvertures exigent plus d'adresse que celles de chaume ; aussi coûtent-elles une fois plus de façon ; mais elles résistent beaucoup plus au vent, & elles durent quarante ans & plus, sans être obligé d'y faire aucune réparation. On couvre aussi les murailles avec du roseau ; & cette couverture n'exige d'autre attention que de bécheveter le roseau, afin que la couverture soit aussi épaisse d'un côté que de l'autre.

Dans quelques pays on fait encore des couvertures avec du *Glaïeul*, du *Typha*, qu'on nomme la *Masse*, des Souchets de grands joncs, & d'autres grandes herbes ; mais nous n'en parlons point, parce que ces plantes font de mauvaises couvertures, & que d'ailleurs, on les emploie à peu-près de la même maniere que le chaume.

Comment on couvre de Paille les Meules ou Gerbiers de Froment, celles d'Avoine, ou de différents Fourrages.

QUAND on a fait un gerbier à peu-près semblable à celui de la figure 1, marqué *D* : on le recouvre avec de la paille, pour empêcher que l'eau ne le pénetre. On choisit pour cela de la paille longue de seigle (*fig.* 22) ; on la mouille un peu ; on en prend une poignée, & après en avoir replié le bout où sont les épis, pour faire une espece de tête *a*, on lie cette partie avec un petit brin d'osier refendu ; puis quand on a préparé un grand nombre de pareilles poignées, si l'on veut commencer la couverture à 6 pieds du terrain, on fait avec la palette un trou dans le chaumier ; on y fourre la tête *a* de la poignée ; & après avoir rabattu la paille qui déborde le gerbier, on étend, en forme d'éventail, le bout *b c* de la poignée : on continue de même dans tout le pourtour du gerbier, puis on commence un second rang ; dont la paille recouvre la moitié de la longueur de celle qui forme le premier rang. On fait de même la troisieme rangée, puis la quatrieme, & ainsi jusqu'au faîte, où l'on met quelques bottes de paille longue, couchées sur leur lien, & on les retient avec quelques perches minces, qu'on attache à la pointe de la meule, & dont on arrête les bouts à des piquets fort longs, enfoncés dans le gerbier. Pour peu que ces couvertures soient bien faites, elles sont en état de subsister beaucoup plus long-temps qu'il ne faut, pour garantir le gerbier, jusqu'à ce qu'il soit vuidé.

CHAPITRE II.

Des Couvertures en Tuile.

Les tuiles sont des carreaux de terre cuite, qui ont environ 5 lignes d'épaisseur. La bonté des tuiles dépend principalement de la nature de la terre dont on les fait; car il y a des terres qui deviennent très-dures à la cuisson, & d'autres qui restent si tendres qu'elles rompent sous le poids du genou des Couvreurs. Le degré de cuisson influe encore sur la bonté des tuiles: celles qui ne sont pas assez cuites restent tendres, elles imbibent l'eau; & quand il vient de la gelée, elles se feuillettent. Ce défaut de s'exfolier arrive même à des tuiles fort dures, qui ont été saisies par un feu trop vif, & alors la superficie se trouve quelquefois trop cuite, pendant que l'intérieur ne l'est pas assez : ces sortes de tuiles sont donc sujettes à se lever par écailles. Pour qu'une tuile soit bien cuite, il faut que la chaleur ait pénétré dans l'intérieur, & que la grande action du feu n'agisse que quand l'humidité de l'intérieur est entièrement dissipée : quand le feu est mal conduit, beaucoup de tuiles se trouvent fondues, & elles se fendent quand on les met au four avant qu'elles aient été suffisamment desséchées sous des hangars : ajoutons, qu'une tuile qui a reçu un coup de feu trop violent est ordinairement en partie vitrifiée & voilée. Je me borne à ces généralités, parce qu'on trouve ces détails dans l'Art du Tuilier qui a été publié. Il suffit que le Couvreur sache qu'une bonne tuile doit avoir conservé sa forme platte ou creuse, suivant son espèce, qu'elle doit être sonore quand on frappe dessus avec le marteau, ce qui indique qu'elle n'est point fêlée, & qu'elle est bien cuite : certains points brillants font encore connoître la bonne cuisson ; elle doit se rompre difficilement, être aussi cuite dans l'intérieur qu'à la superficie, sans être vitrifiée. Il ne faut point s'arrêter à la couleur ; car les terres en prennent de fort différentes à la cuisson : les unes sont presque blanches, d'autres sont fort rouges, d'autres fort brunes ; & toutes peuvent être bonnes. On ne doit pas non plus rebuter les tuiles dont la surface est raboteuse ; car cela dépend souvent du sable qu'on a employé pour les mouler, & qui est gros : l'intérieur de la tuile n'en est point altéré. Au reste, l'usage fait connoître si elles se chargent de mousse, si elles se pourrissent sur les toits, ou si elles se feuillettent. On préfère la bonne tuile de démolition à la neuve ; je dis la bonne, c'est ordinairement celle de Bourgogne; car celle qui étant neuve n'étoit pas de bonne qualité, ne vaudra absolument rien quand elle aura été déja employée.

Suivant les Provinces, on couvre les toits, soit avec des tuiles plattes, soit avec des tuiles creuses, ou avec des tuiles en S. Je dirai la maniere d'employer ces différentes sortes de tuiles, après que j'aurai parlé de l'emploi des tuiles plattes dont on fait les plus belles couvertures.

Des Tuiles plattes.

Les tuiles plattes sont ordinairement de deux grandeurs : *le grand échantillon* qu'on nomme aussi *le grand moule*, a un pied de longueur, & en y comprenant le crochet 13 pouces sur 8 à 9 pouces de largeur. Le *petit échantillon*, ou *le petit moule*, porte 10 pouces de long sur 6 de large. Il est à desirer que toutes les tuiles qu'on fait dans une même province soient d'un même échantillon ; car pour bien réparer une couverture, il faut y employer des tuiles d'une même grandeur ; & c'est ce qui rend les moules bâtards fort incommodes, & presque d'aucun usage, aussi n'en fait-on point pour Paris.

Quand on est nécessité de réparer avec des tuiles de différent moule, il faut découvrir une partie du toit pour réparer le reste, & couvrir à neuf avec le moule bâtard, & ne le point mêler avec les autres. On fait encore des tuiles *gironées*, pour couvrir les tours ; des tuiles *hachées* pour mettre dans les noues ; des tuiles *vernissées*, &c. Les Couvreurs nomment *Ticosines*, les tuiles fendues dans leur longueur ; & *Rigoteaux*, les tuiles fendues en travers, & qu'on emploie aux Solins : nous parlerons dans la suite de l'emploi de ces différentes tuiles.

Attentions qui regardent le Charpentier.

Il y a de l'inconvénient à faire les toits trop plats, parce que l'eau y coule plus lentement, & qu'elle pénetre par les plus petits trous : la neige s'y arrête, elle les charge, & lorsque le dégel arrive, l'eau arrêtée par la neige s'écoule entre les tuiles ; enfin lorsqu'il fait de grands vents, l'eau des pluies se trouvant refoulée, passe entre les tuiles, & tombe dans les greniers. Les toits fort roides ne sont point sujets à ces inconvéniens ; mais aussi les tuiles ne sont pas si fermement retenues sur les lattes, & elles coulent en bas. Comme les tuiles de grand moule sont ordinairement percées de deux trous, un de chaque côté du crochet, on y met un clou pour mieux tenir la tuile sur les lattes ; mais alors les réparations deviennent très-embarrassantes à faire. Il faut donc, pour avoir une couverture solide, éviter les excès de pente : l'usage ordinaire est de donner en hauteur, aux combles couverts en tuile, le tiers de leur largeur ; si le comble a 30 pieds de largeur d'un entablement à l'autre, il doit avoir 10 pieds de haut au sommet du faîte, ou la longueur de l'éguille doit être de 10 pieds ; mais lorsqu'on fait des mansardes, souvent la partie d'en bas est trop roide, & celle qui est au-dessus de la panne de brisis est trop plate. Ces attentions concernent les Charpentiers ; ils doivent encore avoir égard au poids de la tuile, qui est beaucoup plus considérable que celui du chaume, & que celui de l'ardoise ; car on doit faire les charpentes d'autant plus fortes qu'elles ont un plus grand poids à supporter.

Autrefois on ne mettoit que trois chevrons sous chaque longueur de latte ; c'est-à-dire, que les lattes qui ont 4 pieds de longueur aboutissoient sur deux chevrons, & étoient soutenues par un chevron dans leur milieu : on mettoit les chevrons à deux pieds de distance les uns des autres, à compter du milieu d'un chevron au milieu d'un autre : on a depuis reconnu que la latte qui est aujourd'hui fort mince, n'étant pas assez soutenue, ployoit dans l'intervalle des chevrons ; & pour y remédier, on soutient maintenant la latte avec quatre chevrons, qui en ce cas, ne sont qu'à 16 pouces l'un de l'autre, toujours en comptant du milieu d'un chevron au milieu d'un autre ; de sorte qu'il n'y a guere qu'un pied d'intervalle du bord d'un chevron au bord d'un autre.

Enfin

L'ART DU COUVREUR.

Enfin les Charpentiers doivent, en brandiffant les chevrons, avoir attention de lescaler fur les pannes, de façon qu'ils faffent tous enfemble un plan bien uni : cela s'exécute facilement quand on n'emploie que des chevrons de fciage ; mais fi ce font des chevrons de brin, quoiqu'on mette leur courbure dans le fens du plat toit, il arrive quelquefois qu'un de ces chevrons s'éleve, & que le Couvreur, en lattant, eft obligé de hacher avec fon affette, la partie du chevron qui s'éleve trop ; ou s'il fe trouve trop creux en quelque endroit, il faut qu'il le rengraiffe, & qu'il y attache une latte dans le fens de la longueur du chevron.

Du Lattis.

POUR les égouts pendants, tels que font ceux des bâtiments des fermes, & tous ceux qui n'exigent pas une grande propreté, les Charpentiers laiffent les chevrons excéder le mur de 15 ou 18 pouces, & ils tirent fur tous avec un cordeau, un trait blanc ou noir, afin que cet égout ait une égale faillie dans toute la longueur du toit. Le Couvreur attache enfuite fur ce trait un cours de chanlattes A (*Pl. II, fig.* 1), dans toute la longueur du bâtiment.

Les chanlattes (*fig.* 1) font des planches de fix à fept pouces de largeur ; elles font taillées en chanfrein, de forte qu'elles ont à un de leurs bords a, deux pouces d'épaiffeur, & à l'autre b, elles fe terminent en lame de couteau : ces chanlattes font tirées d'une membrure B de 6 pouces de largeur, & de deux pouces & demi d'épaiffeur, que l'on fcie en deux par une diagonale CD, tracée fur le parallélogramme qui forme une de fes extrémités.

Quand on pofe les chanlattes a (*fig.* 3), on met le bord épais fur le trait du cordeau qui doit excéder le parement extérieur du mur de 15 à 18 pouces ; & quand elles ont été attachées, on cloue fur les chevrons, au-deffus du bord tranchant des chanlattes, un cours de lattes vers b (*fig.* 3) : enfuite on forme le bâti ; c'eft-à-dire, qu'on cloue fur toute l'étendue du toit des cours de lattes e, e, e, (*fig.* 4), diftants les uns des autres de 6 pouces & demi, fi les tuiles n'ont que 9 pouces de longueur ; & à 8 pouces de diftance, fi les tuiles étoient d'un pied de long.

Quelques Couvreurs donnent d'autant plus de recouvrement aux tuiles, & diminuent d'autant plus le *pureau*, que les toits font plus plats : ainfi en fuppofant qu'ils euffent à couvrir un toit fort plat, ils ne mettroient, pour le petit échantillon, que $5\frac{1}{2}$ ou 6 pouces entre les cours de lattes du bâti ; mais cela ne s'obferve gueres que pour l'ardoife.

Quand le bâti eft formé, on pofe les contre-lattes : nous avons dit ci-deffus que les lattes ployoient quelquefois entre les chevrons fous le poids de la tuile, & que cela arrivoit principalement quand on ne mettoit que trois chevrons fous latte ; en ce cas, on met entre les chevrons a (*fig.* 4), deux cours de contre-lattes d, d, pofées parallélement aux chevrons a, & qui coupent à angle droit celles e du bâti, fous lefquelles elles font clouées ; cet ufage eft abandonné pour les bâtiments neufs, parce qu'on met toujours quatre chevrons à la latte ; & on voit qu'il y auroit de l'économie à payer plus cher de la latte qui feroit plus forte. Quand nous avons eu à réparer d'anciennes couvertures, où les chevrons étoient des trois à la latte, au lieu de mettre deux cours de contre-lattes, nous avons fait mettre entre les chevrons ; comme en *c*, (*fig.* 4.) du bardeau de moulin ; ce font de fortes perches ou petites ridelles qu'on refend en deux dans les forêts ; elles ont environ un demi-pouce d'épaisseur fur 3 forts pouces de largeur ; ces bardeaux fur lesquels les lattes font clouées valent presque autant que des chevrons pour le service. Quand les lattes se trouvent foibles, on met un cours de contre-lattes *c*, quoique les chevrons soient des quatre à la latte ; & on choisit pour contre-latter ainsi les lattes les plus fortes.

On cloue aisément la latte fur les chevrons, parce qu'ils font assez forts pour soutenir le coup de marteau ; mais il n'en est pas de même de la contre-latte ; ce qui oblige les Couvreurs d'employer un contre-lattoir pour pouvoir attacher la latte fur la contre-latte : ce contre-lattoir est un outil de fer recourbé (*fig.*), dont on passe le bec *a* sous la contre-latte ; la traverse *bb* soutient les lattes du bâti ; en appuyant en *c*, on presse la contre-latte sous la latte, & on se procure un point d'appui pour frapper le clou dont la pointe se rebrousse, & se rive fur le bec du contre-lattoir : au défaut d'un contre-lattoir, les Couvreurs passent la tête de leur affette sous la contre-latte pour tenir le coup.

Les Couvreurs attentifs taillent les bouts de leurs contre-lattes en biseau pour les mettre en recouvrement, afin qu'un même clou puisse traverser les extrémités de deux contre-lattes avec la latte.

Quand le toit est bâti & contre-latté, il faut ajouter entre les lattes du bâti un cours de lattes *b b* (*fig.* 4) ; & c'est ce qu'on appelle *remplir*.

J'ai dit que quand on couvroit avec de la tuile de petit échantillon, on mettoit les lattes du bâti à 6 pouces les unes des autres, en comptant du milieu d'une latte au milieu d'une autre ; comme on met une latte entre deux, il ne se trouve que trois pouces du bord supérieur d'une latte au bord supérieur d'une autre : on verra dans la suite que ces trois pouces forment le pureau des tuiles de 10 pouces : la distance d'un cours de latte à un autre cours, doit former le pureau, qui est ordinairement d'un tiers de la hauteur de la tuile, prise au-dessous du crochet. Quand on emploie des tuiles de grand moule, il faut environ trente lattes par toises quarrée de couverture ; & trente-six, quand on emploie des tuiles de petit moule ; ce qui demande, l'un portant l'autre, cent quatre-vingt-dix clous.

On choisit pour le bâti les lattes les plus droites, & on les pose fur un trait de cordeau ; à l'égard des lattes de remplissage, on les place à vue. Une attention que n'ont pas tous les Couvreurs, & qui est néanmoins importante, est de liaisonner les lattes ; c'est-à-dire, qu'il ne faut pas qu'elles aboutissent toutes fur un même chevron : pour éviter cela, on commence par poser une latte fur les quatre chevrons du milieu du bâtiment ; on cloue la latte supérieure fur un autre chevron, & en continuant toujours de la même façon, tous les chevrons se trouvent liés par les lattes, & l'un ne peut pas couler sans les autres.

Monter la Tuile.

DANS les Villes & lorsque les bâtiments font fort élevés, les Manœuvres montent la tuile dans une hotte ; mais dans les campagnes, où les bâtiments n'ont pas ordinairement une grande hauteur, les Couvreurs se la jettent les uns aux autres ; un d'eux est en bas ; il en jette trois couchées les unes sur les autres, à 15, 20, 25 ou 30 pieds de hauteur, suivant la force de celui qui les jette ; un second Couvreur, monté sur une échelle, le dos appuyé contre les échelons, les reçoit ; celui-ci les donne tout de suite à un troisieme Couvreur plus élevé que lui de trois ou quatre échelons ; & celui-ci les remet au Couvreur qui doit brocher la tuile sur le toit. Rarement les Compagnons qui sont sur l'échelle jettent la tuile à ceux qui sont au-dessus d'eux ; ils se la donnent à la main.

Pour brocher la tuile, le Couvreur la passe de plat entre les lattes, comme on le voit en E (*fig.* 2) ; en brochant, il remplit une *Orne*, comme celle marquée B (*fig.* 4) ; il laisse l'orne C vuide ; puis il remplit l'orne D ; s'il remplissoit toutes les ornes, il se trouveroit y avoir trop de tuiles de montées ; mais aussi en suivant ce que nous venons de dire, il n'y en auroit pas assez, & on seroit obligé d'en monter pour achever la couverture ; ce qui ne seroit pas un grand inconvénient : cependant on remplit ordinairement toutes les ornes seulement vers une extrémité du bâtiment, de sorte que, sur un toit qui auroit 40 pieds de longueur, on laisse quinze espaces vuides. Au reste, il vaut mieux avoir à monter quelques tuiles pour finir le toit, que de se mettre dans le cas d'en avoir de trop qu'il faudroit descendre.

Former un Égout pendant, & le Plein couvert.

QUAND la tuile est montée, on doit former l'égout, en posant sur la chanlatte *a*, (*fig.* 3) un rang de demi-tuile *b*, qu'on nomme *un sous-doublis*, qui doit déborder la chanlatte de 4 pouces ; sur ces demi-tuiles, on pose le doublis, qui consiste en un rang de tuiles *c*, qui s'accrochent au cours de lattes qui est immédiatement au-dessus de la chanlatte, & dont le bord doit arrâser le sous-doublis sans laisser de pureau ; mais le milieu des tuiles du doublis doit couvrir les joints des demi-tuiles du sous-doublis : le second rang de tuile *d* s'accroche au second cours de lattes ; il recouvre les deux tiers de la longueur des tuiles du premier rang, dont il reste 4 pouces de découvert, si c'est du grand échantillon, & trois pouces seulement, si c'est du petit moule : cette partie découverte forme ce qu'on nomme *le pureau*. Au reste, il faut que le milieu de la largeur des tuiles du rang *d*, recouvre les joints du premier rang *c* ; en continuant à accrocher ainsi en liaison des rangs de tuiles sur tous les cours de lattes, le plein toit se trouve couvert.

† Pour les toits ordinaires, on met les tuiles touchantes ; mais pour ceux des Verreries, des Brasseries, des Brûleries, des Fonderies & des Hangards *à clair-voie*, on les couvre en laissant d'une tuile à l'autre la distance du tiers de la largeur de la tuile ; si l'on emploie de la tuile du grand échantillon, c'est deux pouces, comme on le voit (*fig.* 7) ; au surplus, on latte & on forme les pureaux comme pour les autres couvertures.

Faire les Égouts retroussés.

POUR les égouts retroussés, on fait aboutir les chevrons sur le milieu de l'épaisseur du mur comme dans la figure 2. Ce mur doit être terminé par un entablement de pierre de taille *h*, ou par quelques rangs de brique *g*. Supposons que l'entablement *g* ou *h* ait deux pouces de faillie, on pofe en mortier ou en plâtre un fous-doublis de tuiles *a* qui doit faillir de 4 pouces fur l'entablement ; il faut que celles qui forment le fous-doublis aient un peu de pente vers le dehors ; on couvre le fous-doublis d'un doublis *b*, formé d'un rang de tuiles pofées avec plâtre ou mortier, fuivant l'ufage du pays ; ce doublis doit arrafer le fous-doublis, en couvrir les joints, & avoir un tant foit peu plus de pente. Quelques Couvreurs mettent les demi-tuiles du fous-doublis en tiers point, de forte qu'elles préfentent un de leurs angles en dehors *a* (*fig.* 24), où l'égout eft repréfenté renverfé ; on les recouvre avec des tuiles du doublis *b*, qu'on pofe quarrément. Comme la difpofition de ces tuiles de l'égout fait une forme agréable ; on rougit celles du doublis avec de l'ocre pour les rendre plus apparentes, ou on les norcit ; & l'on blanchit celles du fous-doublis en les trempant dans de la chaux & de l'urine. On pofe fur le doublis le premier rang de tuiles *c* (*fig.* 2), qui s'accroche au premier cours de lattes, & qui arrafe le doublis ; puis on pofe le fecond rang *e* qui doit faire retraite fur le premier de la largeur du pureau ; favoir 3 pouces pour le petit moule, 4 pour le grand ; les autres rangs *e*, *f*, *d*, fe pofent de même, en obfervant toujours la même retraite ; mais comme pour donner plus de grace à l'égout, il vaut mieux augmenter peu à peu la pente des tuiles, feulement jufqu'à la hauteur de trois pieds, on ne les accroche point à la latte ; on les affeoit feulement fur un bon mortier, ou fur une fole de plâtre ; ainfi jufqu'à cette hauteur de trois pieds, la latte ne fert qu'à retenir le mortier ; & en relevant toujours de plus en plus le derriere des tuiles, on forme l'arrondiffement de l'égout, de maniere que, fur les toits qui ne font pas fort plats, ce n'eft que vers le douzieme rang de tuiles qu'on parvient à la pente que le plein toit doit conferver dans toute fa hauteur.

Quand l'égout eft achevé, on fait quelquefois un folement de plâtre de 4 pouces de large à la tête de cet égout, pour recevoir des coyaux que le Charpentier fournit, & qu'il taille fuivant la rondeur du comble : plus le comble eft plat, plus il faut que les coyaux foient longs ; & alors on defcend les lattis jufqu'au pied des coyaux : le premier pureau d'après l'égout s'accroche fur le premier cours de lattes, & continue jufqu'en haut : nous expliquerons plus au long ce que c'eft que les coyaux, lorfque nous parlerons de la couverture en ardoife ; en attendant, nous nous contenterons de dire ici que ce font des bouts de chevrons, qu'on attache avec des clous à l'extrémité d'en-bas des chevrons.

Quelques Notes relatives à la couverture en Tuile.

1°, Dans quantité de Provinces, les tuiles plates portent à un de leurs bouts une petite éminence de terre *a* (*fig.* 6), qu'on nomme *crochet* ou *nez* ; il fert à les accrocher à la latte ; il y a d'autres Provinces, où, en place de ce crochet, on pratique deux trous *b*, foit pour les clouer fur la latte, foit pour y paffer de petites chevilles de bois qui tiennent lieu du crochet. Il eft défendu par les Statuts des Maîtres Couvreurs de Paris, d'employer des chevilles de bois ; mais il leur eft permis d'y mettre des clous de bateau : on fait encore aux tuiles de grand moule des trous à côté du crochet, pour fuppléer dans l'occafion au manque de crochets, dans le cas où ils fe feroient applattis avant la cuiffon, ou s'ils fe trouvoient caffés par accident. 2°,

2°. On fait dans quelques Tuileries des tuiles toutes plates, comme on en peut voir le profil en *d* (*fig. 6*.); dans d'autres, on leur donne une certaine courbure dans le sens de leur longueur (*voyez e, fig. 6*): cette courbure fait que les bords de ces tuiles appuient plus exactement sur le pureau des tuiles inférieures; mais les tuiles totalement plates sont plus commodes pour former les égouts: je parlerai ailleurs des tuiles en gouttieres, & de celles faites en *S*.

3°. Dans quelques Provinces, pour donner de la grace aux tuiles, on arrondit leur pureau *c* (*fig. 6*), & lorsqu'elles sont employées sur les toits, elles ressemblent aux écailles des poissons.

4°. Dans les Provinces où l'on vernit les tuiles en différentes couleurs, on en forme des compartiments qui sont plus ou moins agréables suivant le goût du Couvreur.

5°. Les *lattes* sont des especes de regles que l'on fend dans les forêts; celles pour la tuile, & qu'on nomme *lattes quarrées*, n'ont souvent que 13 à 14 lignes de largeur, 4 lignes d'épaisseur, & 4 pieds ou 4 pieds 1 pouce de longueur. BULLET dans son *Architecture pratique*, exige, avec raison, qu'elles aient 2 pouces de large, & 4 pieds de longueur. On y emploie plusieurs especes de bois; mais les meilleures lattes doivent être de bois de chêne; ce bois doit être de droit fil, sans nœuds, & sans aubier: les lattes doivent être fendues d'une égale épaisseur dans toute leur longueur: on plie les lattes comme la lame d'une épée, pour connoître s'il y a des endroits foibles ou éclattés; on en rompt même quelques-unes pour s'assurer si elles ne sont point de bois gras, ou si elles sont vermoulues.

Il y a cinquante-deux lattes à la botte: avec vingt-sept lattes on garnit une toise quarrée pour les tuiles de grand moule, non compris le contre-lattage; il en faut trente-six pour les tuiles de petit moule. Ainsi quand on emploie des tuiles du grand moule, la botte de lattes peut faire une toise trois quarts d'ouvrage; & quand c'est du petit moule, la même botte ne peut faire qu'une toise & un tiers.

La *latte volige* qui sert pour l'ardoise est de même longueur & épaisseur que la latte quarrée; mais elle a trois pouces, trois pouces & demi, & même 4 ou 4 pouces & demi de largeur: chaque botte n'est composée que de vingt-cinq lattes.

6°. Il faut environ une livre de clou pour attacher une botte de lattes; je dis environ, parce que cela varie un peu suivant la force & l'espece du clou: en général, il y a deux especes de clous à lattes; l'un à tête ronde, & l'autre en aile de mouche. Mais l'article le plus important, est que la tige de ce clou ne soit point trop grosse auprès de la tête, & qu'elle soit un peu applatie, afin de ne pas fendre la latte.

BULLET dit que chaque latte étant attachée avec quatre clous, on emploie, y compris le déchet, une demi-livre de clou pour chaque toise, & qu'il en faut un peu moins d'une livre pour chaque secte. Suivant le même Auteur, cette espece de clou doit être à tête plate: on le nomme *clou à bouche*, parce que les Ouvriers le mettent dans la bouche pour l'avoir plus à la main lorsqu'ils l'emploient. Il y en a de deux sortes; les *clous à ardoise*, & les *clous à latte*, les premiers sont de deux livres, deux livres & demie, ou même trois livres au millier; les autres de quatre, & quatre livres & demie au millier: ce dernier est plus long que les autres, parce que la latte est plus épaisse; on l'achette à la somme qui est de 36 livres pesant; il ne coûte pas plus que la somme de clous à ardoise, qui ne pese que 30 livres.

7°, Il faut 290 tuiles du petit échantillon, pour couvrir une toise quarrée; avec un millier de tuiles du grand moule, on fait environ 7 toises de couverture.

Bullet dit que, pour faire une toise de couverture en plein comble, il faut 133 tuiles de grand moule, 27 lattes, & une demi-livre de clous; ainsi le millier de ces tuiles peut faire 6 toises $\frac{2}{3}$; & que pour une couverture à claire-voie, il faut 108 tuiles par toises; ainsi le millier fait 9 toises & $\frac{1}{4}$; & le millier de petit moule fera 3 toises & demie. Comme les moules des différentes Tuileries ne sont pas rigoureusement de même dimension, il faut tantôt un peu plus, & tantôt un peu moins de tuiles pour couvrir une même étendue de toit.

Des Œils de bœuf pratiqués sur les Couvertures.

Pour éclairer les greniers & leur donner de l'air, on fait des lucarnes de plusieurs formes différentes; mais comme cet article est du ressort des Architectes & des Charpentiers, & que toute l'industrie des Couvreurs à cet égard, se réduit à faire des noues, il n'est pas de mon objet de m'étendre sur cette matiere; je me borne à parler de quelques ouvertures qu'on fait aux toits pour donner du jour dans les greniers, & que l'on appelle *œils de bœuf*, ou *vue de faîtieres*.

Les plus simples *a* (*fig*. 26) se font en mettant une faîtiere renversée, qu'on engage sous la tuile de dessus, où l'on a pratiqué une petite ouverture d'environ 8 pouces, qu'on borde, si l'on veut, avec un peu de mortier ou de plâtre. Quoique cette faîtiere verse sur les côtés l'eau de la pluie qui vient du haut du toit, il tombe toujours un peu d'eau par ces sortes d'ouvertures: quelquefois on met un carreau de verre devant, assemblé par-dessus les deux crossettes qui soutiennent la faîtiere; & par-dessous ce verre est attaché sur le rivet: on ménage au-dessus du carreau de verre un jour d'un pouce & demi pour laisser entrer l'air.

La seconde forme d'œil de bœuf *b* se fait, en mettant d'un chevron à l'autre, deux petites pieces de bois qui forment un petit faîte. Comme les noues des côtés sont très-petites, on les fait avec deux tuiles 1, 2, creusées en oreille de chat, & on y fait aboutir quelques rangs de tuile; on couvre ensuite le faîte, & on borde les rives avec du mortier ou du plâtre.

Les vrais & les meilleurs œils de bœuf *c*, se font avec une grande tuile *a b* (*fig*. 8), percée dans le milieu; cette ouverture se recouvre par une espece de capuchon percé sur les côtés de deux trous, où l'on met quelquefois deux tuyaux de 4 à 5 pouces de longueur. On place l'évasement *a b* sur la latte; il est recouvert à la partie la plus élevée par les tuiles du toit, & la partie basse recouvre les tuiles qui sont au-dessous; ainsi cet évasement n'interrompt point l'ordre du toit; il fait seulement l'effet d'une grande tuile qui porte un grand pureau, sur lequel est posé le capuchon: on le voit en place en *c* (*fig* 26).

Des différentes manieres de couvrir les Arrêtiers.

Pour former la couverture aux arrêtiers, il est sensible que si l'on conduisoit quarrément toutes les tuiles, *a, b, c, d*, (*fig.* 9), il resteroit à placer près l'arrêtier une tuile triangulaire *e*, qui manqueroit de crochet, & que par conséquent, on ne pourroit attacher à la latte ; pour éviter cet inconvénient, les Couvreurs font ce qu'ils appellent *une approche f* (*fig.* 9), *une contre-approche g*, & la tuile de l'arrêtier *h*, ayant une certaine largeur, peut conserver son crochet. Quand on n'a pas de tuiles échancrées que l'on nomme *tuile dépecées*, comme cela arrive souvent, on échancre par le haut la contre-approche *g* ; on échancre encore l'approche *f*, qu'on place joignant la contre-approche, & il ne reste plus qu'à échancrer la tuile de l'arrêtier *h*, pour qu'elle porte sur une des faces de l'arrêtier ; ainsi celle-ci peut s'accrocher à la latte, sinon on la cloue sur l'arrêtier. Ces tuiles échancrées, à l'approche de l'arrêtier, forment par en-bas une ligne un peu courbe ; mais quand cette ligne est bien conduite, elle n'est pas désagréable, parce qu'elle est peu sensible à la vue ; du reste, on continue de même la couverture de bas en haut, en conservant les pureaux comme au plein couvert. Comme les tuiles ne se joignent jamais assez exactement sur l'arrêtier pour empêcher la pluie d'y pénétrer, on garnit le dessus des arrêtiers, avec un filet de plâtre ou de mortier ; & ce filet qui entame sur les tuiles de l'arrêtier, forme de chaque côté une plate-bande de 2 pouces de largeur.

Quand les toits sont fort plats, au lieu d'un simple rivet de mortier, on pose des tuiles sur l'arrêtier, & on les noye dans le mortier, faisant ensorte que leur pureau réponde à celui du toit.

Dans quelques Provinces, on fait encore mieux ; car on couvre les arrêtiers avec des tuiles creuses ou de petits enfaîteaux (*fig.* 10), qu'on nomme *à oreille de chat*, parce qu'ils sont plus larges & plus évasés par un bout que par l'autre. On les pose à mortier sur l'arrêtier, de façon qu'ils se recouvrent les uns les autres ; mais on leur donne plus de pureau qu'aux tuiles du toit, parce que ces enfaîteaux ont 18 pouces de longueur, 8 à 9 pouces de largeur par un bout, & 6 par l'autre.

Des Noues.

Pour se former l'idée d'une *noue*, il faut se représenter un corps de bâtiment *A B* (*fig.* 11), qui tombe, si l'on veut, à angle droit sur le milieu d'un autre bâtiment *C D*, & que le toit du bâtiment *A B*, se jette sur la couverture du bâtiment *C D*. Il y a des noues où un des bâtiments se trouve avoir un toit plus plat que l'autre ; d'ailleurs les bâtiments ne tombent pas toujours l'un sur l'autre à angle droit. De quelque façon qu'ils soient disposés, on couvre les noues de différentes manieres, que je vais détailler.

La méthode la plus aisée à exécuter & la plus propre, se fait en garnissant le *noulet* qui est la piece de charpente qui forme le fond de la noue, avec une dosse ou madrier, sur lequel on cloue des ardoises, ou l'on y asseoit avec du mortier ou du plâtre des tuiles creuses (*fig.* 10), renversées pour faire une gouttiere, qui se trouve former le fond de la noue ; ensuite on fait aboutir les tuiles des deux toits sur cette espece de gouttiere comme un tranchis.

On appelle *tranchis*, le rang de tuiles qui termine un toit en aboutissant sur un pignon CG (*fig.* 11), ou un arrêtier. Or on voit que les tuiles sont alternativement entieres, & que d'autres ne sont que des demies, ou des deux tiers de tuiles ; il n'y a pas un grand inconvénient à cela quand ce sont des toits qui aboutissent sur les pignons, parce qu'on borde le tranchis, avec un rivet de plâtre ou de mortier ; il n'en seroit pas de même pour le tranchis d'un toit pareil à celui de la figure 12, les demi-tuiles pourroient tomber ou se renverser dans la noue. On peut éviter ces inconvénients en formant les tranchis comme les arrêtiers, avec des tuiles rompues, dont on fait des approches & des contre-approches, en donnant au tranchis 3 pouces de recouvrement sur le fond de la noue, qui doit avoir 18 pouces de largeur, afin qu'il reste un pied de distance d'un tranchis à l'autre dans toute la longueur de la noue, ou de pied en tête.

Pour faire les noues entiérement de tuile, lorsqu'un toit, comme celui marqué AB (*fig.* 12) est fort roide, en comparaison du toit CD, qui est très-plat, on pose trois chevrons dans la noue E, un de chaque côté du noulet, & un dans le milieu sur le noulet même ; on latte dessus comme sur le plein toit, on couvre le toit plat EF comme s'il n'y avoit point de noue, & l'on entame un peu sur le toit AB ; ensuite on couvre le toit roide AB, en le terminant du côté de la noue par un tranchis qui recouvre de 3 ou 4 pouces le toit du bâtiment EF : ces noues qui peuvent avoir deux pieds & demi ou trois pieds par le bas ou au pied de la noue, se trouvent réduites à deux pieds ou deux pieds & demi par le haut ; & pour mieux assujettir les tranchis, & placer convenablement les tuiles, on les pose sur un petit lit de mortier ou de plâtre ; alors c'est le toit AB qui forme le fond de la noue.

Pour la troisieme maniere de faire les noues qu'on nomme *en onglet*, il n'y a point de fond de noue comme aux précédentes ; les deux toits se joignent au moyen des tuiles posées sur calle, qui forment alors un arrondissement à l'aide d'une dosse, & c'est la meilleure maniere.

En commençant ces sortes de noues, on pose vers le bas une tuile, comme si l'on vouloit faire un fond de noue ; mais on la calle obliquement comme en a (*fig.* 13) : l'angle inférieur de cette tuile forme l'extrémité d'en bas de la noue ou son pied : on pose sur cette tuile du côté du toit A (*fig.* 11), les deux tuiles b, b qui sont couchées, & se touchent sans recouvrement du côté du toit ED ; la tuile c doit toucher exactement le bout des deux tuiles couchées b, b, & sans recouvrement ; ainsi la tuile c se trouve placée en long comme toutes les autres tuiles du toit CD. Ensuite on pose sur la tuile b la plus élevée, deux tuiles couchées d, d, qui forment recouvrement & pureau ; après quoi on met une tuile droite e qui fait recouvrement sur c & sur dd, & on laisse un pureau de trois pouces comme au reste du toit : cette liaison des tuiles couchées avec celles qui sont droites & qui les recouvrent ; forme ce qu'on appelle *l'onglet* ; & en continuant de la même maniere, on forme un arrondissement qui, quand il est bien conduit, ne peut donner aucun passage à l'eau ; mais il faut que toutes les tuiles qui ne s'accrochent point dans la latte soient bien assises sur des calles ; cette sujettion ne s'étend qu'à environ

quatre

quatre tuiles de hauteur ; car peu à peu on parvient à n'en plus coucher, & à les accrocher toutes à la latte, en faisant un arrondissement comme celui de la noue D (*fig.* 11) ; de sorte que le haut de cette noue se couvre presque comme le plein couvert ; néanmoins pour arriver à ce raccordement, il faut poser des tuiles hachées *f* (*fig.* 15), c'est-à-dire, dont on ait retranché plus d'un tiers de leur largeur ; ces tuiles se nomment *pointes* ou *tierces* : sinon on échancre quelques tuiles *e* (*fig.* 15) par la tête pour les gironner ; mais on fait en sorte de conserver les crochets. Ces sortes de noues ne sont pas convenables pour des toits fort roides ; car comme les tuiles ne sont assises que sur des calles, elles courent risque de couler.

Des Ruellées.

QUAND un toit aboutit à un mur qui est plus élevé, on fait, en approchant du mur, un tranchis ; mais on a l'attention qu'il s'élève un peu en cette partie ; & on recouvre le tranchis d'un filet de mortier ou de plâtre : c'est ce qu'on appelle une *ruellée*.

Dans les Provinces où le plâtre ne manque pas, on en fait un parement pour donner le devers aux tuiles ; & par-dessus la tuile, on fait un solin le long du mur supérieur.

Comment on couvre le Faîte avec des Faîtieres ou des Enfaîteaux.

QUAND le toit & les arrêtiers sont couverts, & qu'on a formé les noues, les tranchis & les ruellées, il ne reste plus à couvrir que le faîte. Les tuiles des deux côtés du toit qui se réunissent vers cette partie, ne se joignent jamais assez exactement pour garantir le faîte & la tête des chevrons des eaux de la pluie ; c'est pour cette raison qu'on couvre cette partie avec des tuiles creuses, qu'on nomme des *faîtieres* ou *enfaîteaux a* (*fig.* 15) ; elles ont ordinairement 14 pouces de longueur, & assez de largeur pour former un recouvrement de 4 pouces sur les tuiles (*Voyez fig.* 14). On pose ces faîtieres à sec dans toute la longueur du bâtiment, de façon qu'elles se touchent le plus exactement qu'il est possible, & qu'elles forment une file bien alignée ; pour y parvenir, on les change de bout, & même de place, afin de mettre à côté les unes des autres celles qui s'accordent le mieux ; ensuite on les borde dans toute la longueur du bâtiment avec un filet de mortier ou de plâtre *b b b*, &c. & on couvre aussi de la même façon tous les joints.

Au haut des croupes, *l'aiguille* ou *poinçon* excede le toit de 8 à 9 pouces ; & comme cette partie ne peut être couverte par les faîtieres, quelques-uns la couvrent avec un petit amortissement de plomb *C* (*fig.* 12) ; d'autres avec des pots de terre qu'on fait pour cet usage ; mais le plus ordinairement on en recouvre les faces avec des ardoises, & on attache au dessus une ardoise qui excede tout le pourtour d'un bon pouce.

Maniere de couvrir les Tours rondes & les Colombiers.

ON latte les tours rondes (*fig.* 16) comme les toits plats, excepté qu'on choisit dans les bottes de lattes celles qui sont un peu cintrées sur le champ ; & quand on n'en trouve pas de cette forme, on se sert de lattes quarrées qui sont assez pliantes pour se prêter au contour qu'on veut leur faire prendre ; car comme en roulant sur un cône une regle un peu large, le bord inférieur enveloppe une plus grande circonférence que le bord supérieur, les bouts de cette regle doivent s'élever, & c'est ce qu'il faut éviter en ce cas-ci, & faire en sorte que toutes les lattes soient dans leur longueur paralleles à l'entablement. Mais, comme nous l'avons déja dit, en forçant la latte, on l'oblige de prendre un contour convenable. On ne peut se dispenser pour ces sortes de couvertures, d'employer de la tuile gironnée *e* (*fig.* 15) c'est-à-dire, des tuiles qui sont plus étroites par en-haut que par en-bas. Quand on s'apperçoit que vers la pointe du cône les tuiles ordinaires sont trop larges par le haut, & que les joints deviennent obliques, on mêle quelques tuiles gironnées ; mais il faut en employer en plus grande quantité, à mesure qu'on approche plus de la pointe du cône ; de sorte que quand on est parvenu à trois ou quatre pieds au-dessous de la pointe, non-seulement on n'emploie plus que de la tuile gironnée, mais souvent on est obligé d'en diminuer encore la largeur de la tête : enfin on termine cet ouvrage de la même maniere que les croupes, en couvrant l'aiguille avec un petit amortissement de plomb ou de poterie, ou avec des ardoises.

Maniere de couvrir les Murailles avec des Tuiles & des Enfaîteaux.

Excepté les tablettes de pierre de taille, il n'y a point de meilleure couverture pour les murailles, plus propre ni plus durable, que celle que l'on fait avec des *tuiles* & des *enfaîteaux* ou *faîtieres*. Ces couvertures (*fig.* 17) se font précisément comme les égouts retroussés ; on commence par asseoir sur du mortier ou sur du plâtre un doublis & un sous-doublis ; puis on pose encore en mortier ou en plâtre des tuiles à recouvrement, ce qui forme des pureaux de 3 à 4 pouces ; & ce petit toit est recouvert par des faîtieres qu'on joint & qu'on borde de la même maniere que celles des faîtes des bâtiments : on met plus ou moins de rangs de tuiles, suivant que la muraille est plus ou moins épaisse.

Des Couvertures en Tuiles creuses, en S, ou en Nouettes.

Dans plusieurs Provinces, on fait les toits très-plats ; au lieu de lattes, on cloue des planches sur les chevrons qui doivent être très-forts, & on arrange dessus des tuiles creuses en oreille de chat *b* (*fig.* 15), qui sont faites comme de petits enfaîteaux, un peu plus larges vers le bout *g* que du bout opposé *h*, afin qu'on puisse les arranger à recouvrement, comme on les voit dans la figure 10. Le travail de cette couverture ne consiste qu'à arranger ces tuiles sur le toit, de maniere que les posant, depuis l'égout jusqu'au faîte on en forme des files, dont la convexité est en en-bas comme en *a* (*fig.* 19), de sorte que chaque tuile supérieure fait recouvrement sur la tuile inférieure à laquelle on conserve son pureau, ce qui forme autant de gouttieres ; & pour que l'eau ne passe pas entre ces premieres files, on recouvre les tuiles *a*, *a*, par d'autres files de pareilles tuiles, dont la convexité est tournée vers le haut comme en *bb* (*fig.* 19) ; ces tuiles qui forment des especes de faîtieres, sont posées comme les premieres à recouvrement, & elles ont également leur pureau. La figure 18 représente en *bb*, un toit couvert de cette façon : *a,a,a*, font les tuiles de dessous.

Dans d'autres Provinces, les tuiles *c* (*fig.* 15) ont la forme d'une S Romaine : celles-ci s'ajustent les unes dans les autres, comme on le voit par la figure 29. La portion du toit *ccc* (*fig.* 18) est couverte de cette façon. Les *nouettes* (*fig.* 21), sont des tuiles à peu-près semblables, mais dont les côtés sont plats au lieu d'être arrondis : celles-ci ont 18 pouces de longueur, & à peu-près la même largeur ; elles sont par conséquent quarrées, mais un peu plus larges par un bout que par l'autre, dont l'un est relevé en dessus, & l'autre en dessous, ce qui fait un crochet en bordure, qui a environ un pouce & demi de saillie : on pose ces sortes de tuiles comme les tuiles en *S*, de sorte que le crochet du dessous d'une tuile entre dans le crochet du dessus d'une autre. On dit qu'on fait usage de ces nouettes en Flandre ; cependant je n'y en ai point vu.

Le faîte de ces couvertures est couvert par de grandes faîtieres, que l'on assujettit à l'ordinaire avec du mortier ou du plâtre.

On a proposé encore de faire des tuiles, comme celles marquées *a* (*fig.* 22) ; de les arranger sur le toit avec leur pureau, & de couvrir les joints avec des tuiles creuses renversées telles que *b, b*. En général, on donne moins de recouvrement à toutes les especes de tuiles creuses qu'aux tuiles plates ; on ne donne aux tuiles creuses qu'un tiers de recouvrement ; ce qui fait que les deux tiers de leur longueur sont apparents.

Des réparations des Couvertures en Tuile.

CES réparations consistent : 1°, à gratter la mousse qui s'amasse quelquefois sur les tuiles : on se sert pour cela d'une truelle bretée (*fig.* 23), ou même d'une truelle ordinaire de fer.

2°, A remettre des tuiles où il en manque ; alors on souleve les tuiles supérieures pour y introduire une tuile neuve ; ce qui n'est pas aisé à exécuter quand les tuiles ont été clouées sur les lattes. Dans les recherches des couvertures en tuiles, il est d'usage d'en fournir neuf neuves par toise quarrée.

3°, On répare les mortiers ou les plâtres sur les faîtes, les arrêtiers aux filets en ruels, & aux tranchis. Si, comme disent les Couvreurs, le mortier ou le plâtre est trop affamé, on le jette à bas pour y en remettre de nouveau. Les Couvreurs de Paris voulant faire passer cette réparation des plâtres comme refaite en entier, gâchent du plâtre un peu mou, & l'étendent avec le dos de leur truelle sur le vieux plâtre ; ce léger enduit qui a tout au plus deux lignes d'épaisseur, remplit les petites inégalités de l'ancien plâtre, & le fait paroître comme neuf, mais les gelées ne tardent pas à détruire cette croûte.

On appelle *remanier à bout* une couverture, quand on la découvre entiérement pour réparer la latte qui se trouvent être pourrie. Cette réparation exige autant de travail que les couvertures à neuf.

Des Mortiers ou Plâtres.

LA SOLIDITÉ des couvertures dépend beaucoup de la bonté des mortiers ou des plâtres que l'on y emploie : cette qualité dépend de la façon de les faire, & des matieres dont on les compose.

1°. Il ne faut point que le plâtre soit noyé : un plâtre qui a été gâché trop mou, ne durcit jamais parfaitement ; d'ailleurs, il y a certains plâtres qui sont beaucoup meilleurs que d'autres.

2°. Pour ce qui est des mortiers de chaux, il faut, si la chaux est nouvellement éteinte, n'y point ajouter d'eau ; & si la chaux étoit vieille éteinte & trop dure, on doit la mettre dans un bassin de sable ou de ciment, & la bien délayer avec un peu d'eau, avant d'y mêler le sable ; car c'est une regle générale que pour faire de bon mortier, il ne faut jamais ajouter d'eau quand une fois on a mêlé le sable ou le ciment avec la chaux ; & si le mortier paroît trop dur, il n'y a qu'à le bouler à force de bras avec le rabot (*fig.* 25) ; il deviendra par cette opération assez mou pour être employé avec utilité, & il n'en sera que plus solide.

3°. L'usage ordinaire, pour faire de bon mortier, est de mêler deux parties de sable ou de ciment avec une partie de chaux ; c'est-à-dire, un tiers de chaux, & deux tiers de sable.

4°. On fait ce mortier, soit avec du ciment, soit avec du sable ; l'une ou l'autre de ces pratiques n'est préférée qu'à raison des lieux où l'une de ces deux matieres se trouve être la plus convenable à cet usage. Car dans les endroits où le sable est bien sec, & la tuile tendre, le sable est préféré au ciment ; ailleurs où l'on ne trouve que du sable très-fin ou terreux, & où la tuile est dure & bien cuite, c'est le ciment qui mérite la préférence. En général, le défaut du mortier, bien fait avec de bon ciment, est qu'il se gerse, & qu'il se détache des enfaîteaux & de la tuile par copeaux très-durs : il faut en ce cas faire ce mortier avec moitié sable & moitié ciment.

Des Outils dont se servent les Couvreurs ; & de la maniere dont ils établissent leur Échafaudage.

COMME les Couvreurs sont obligés de s'échafauder pour couvrir un toît, soit en tuile, soit en ardoise, je renvoie à parler de leurs échafaudages à la fin du présent Mémoire ; ainsi je ne parlerai ici que de quelques outils dont les Couvreurs en ardoise ne se servent point : tels sont 1°, le *contre-lattoir* (*fig.* 5) qui, comme je l'ai dit, sert à tenir le coup qu'on frappe sous la latte quand on cloue les contre-lattes : 2°, *l'auge* (*fig.* 27) qui sert à contenir le mortier ou le plâtre qu'un Manœuvre transporte sur sa tête pour le monter sur le toit : 3°, la *truelle* (*fig.* 28), celle dont on se sert pour le plâtre est de cuivre, & de fer pour le mortier de chaux : 4°, le *bouloir* ou *rabot* (*fig.* 25) avec lequel on brasse le mortier : 5°, enfin la *truelle bretée* (*fig* 23) qui sert à gratter le plâtre aux endroits où l'on juge qu'il est trop épais, & encore à gratter les tuiles mousseuses. Nous parlerons des autres outils à la suite des couvertures en ardoise.

CHAPITRE

CHAPITRE III.
Couverture en Ardoise.

Si l'on excepte les couvertures en plomb & en cuivre, qui ne sont point du ressort des Couvreurs, les plus belles & les meilleures couvertures sont, sans contredit, celles qui se font en ardoise. Elles forment un plan bien uni : quand elles sont bien exécutées, elles sont impénétrables à la pluie, & elles durent long-temps. Elles ont encore l'avantage de ne point charger les charpentes : leur seul inconvénient est que les grands vents les soulevent quelquefois, & même qu'ils les emportent, sur-tout quand on emploie de l'ardoise trop mince, ou de mauvaise qualité; car il y en a telle qui s'attendrit à la pluie, & qui pourrit sur les bâtiments.

Lorsqu'on est dans le voisinage des carrieres d'ardoise, comme alors le transport n'est pas considérable, on peut avoir à bon compte des ardoises épaisses qui, quand elles sont bien employées, durent autant que les charpentes sur lesquelles elles sont posées : leur bon marché dans ce cas met les Paysans en état d'en faire couvrir leurs habitations : quand on est à portée des rivieres navigables, comme le transport des ardoises coûte peu par cette voie, on trouve souvent de l'économie à les employer pour les couvertures préférablement aux tuiles. Nous supposons qu'alors on n'emploie pas du plomb pour couvrir les faîtes ; il y a des Couvreurs assez intelligents pour couvrir les faîtes seulement avec de l'ardoise, d'autres substituent au plomb des faîtieres de terre cuite ou de tôle ; cependant les toits enfaîtés en plomb, sont préférables pour les couvertures, où l'on ne veut pas exercer cette économie. Je vais commencer par donner en abrégé des regles pour le choix de l'ardoise, M. Fougeroux est entré dans un grand détail sur ce point, dans son traité de la fouille de l'ardoise ; & j'y renvoie le Lecteur.

Du choix de l'Ardoise, & de ses différentes qualités.

La pierre ardoise est un *chite* qui se trouve en terre par grosses masses & par lits : rarement peut-on parvenir en fouillant très-bas à arriver au dernier lit d'ardoise : les épuisements deviennent alors trop considérables, & les frais excéderoient le profit qu'on en pourroit tirer. Quand on est parvenu à ce point, on est obligé d'abandonner la carriere, pour en ouvrir une autre, quoiqu'en général l'ardoise soit d'autant meilleure qu'elle est tirée à une plus grande profondeur ; car les premiers lits & les premieres foncées donnent toujours une ardoise de moindre qualité. La pierre de ces premiers lits est d'une couleur rousse ; elle se pénetre d'eau ; s'attendrit, & même se pourrit lorsqu'elle est exposée à l'eau : il y en a de pyriteuses qui fleurissent, & s'exfolient au point qu'on peut les réduire en petites parcelles entre les doigts.

A l'égard de ceux qui exploitent les carrieres d'ardoise, il leur est très-avantageux que la pierre se feuille mince ; car comme les ardoises se vendent au compte, leur profit en devient plus considérable.

Ceux qui achetent l'ardoise pour l'employer aux couvertures, ne doivent pas toujours s'attacher à celles qui sont les plus minces : car si l'on met au rebut celles qui sont trop épaisses dans la vue d'épargner les frais du transport, on ne doit pas néanmoins donner la préférence aux plus minces, parce que celles-ci ne résistent point au clou quand le vent les souleve; d'ailleurs elles se rompent, parce qu'elles n'ont pas assez de consistance pour résister au poids des échelles, ou des cordes nouées du Couvreur. Il est vrai que ces mêmes accidents arrivent à des ardoises suffisamment épaisses; mais ce n'est que dans le cas où leur qualité est tendre, ou lorsqu'elles ont été attendries par l'eau; & comme les ardoises rousses sont principalement sujettes à ces défauts, on doit préférablement choisir les ardoises qui sont d'un bleu foncé, tirant sur le noir; il faut outre cela qu'elles soient dures, sonores, & à peu près d'égale épaisseur par-tout; unies, douces au toucher, & qu'elles se coupent bien net sur l'enclume.

Dans le commerce, on distingue les ardoises par leur couleur: celles qu'on nomme *poil roux*, & qu'on tire des premieres foncées; le *poil taché* qui a des points roux, & d'autres noirs, est meilleur que le poil roux; mais le *poil noir* est l'ardoise la plus estimée.

On distingue encore les ardoises par leur échantillon. Celle qu'on nomme *quarrée forte*, dont les dimensions sont les plus régulieres, a dix à onze pouces de longueur sur six & sept de largeur: entre cet échantillon, il y en a encore de noire & de rousse. La *quarrée fine* est plus mince, & fait de mauvais ouvrage quand on l'emploie dans sa grandeur; elle est trop foible pour résister quand elle a beaucoup d'étendue.

Il faut environ cent soixante & quinze ardoises quarrées fortes pour faire une toise d'ouvrage: c'est un peu plus de cinq toises pour un millier. On estime de même que le millier de quarrée fine fait à peu-près cinq toises d'ouvrage, y compris le déchet qui est plus considérable qu'à la quarrée forte; le millier de la *petite fine* qui porte environ cinq pouces & demi de largeur, ne fait gueres que trois toises d'ouvrage; le *tout ensemble*, qu'on nomme aussi le *gros noir*, a la même force que la quarrée; mais elle est de différente forme & grandeur, ce qui la rend très-propre pour les réparations.

La *quartelle* qu'on nomme aussi *l'éridelle*, porte peu de largeur: elle se tire du déchet des ardoises quarrées; & il en faut à peu-près trois cents dix-huit pour faire une toise; par conséquent il en faut un millier pour faire trois toises & un quart d'ouvrage: elle s'emploie par préférence pour couvrir les clochers & les tours rondes. On met aussi à part, pour employer à ces sortes de couvertures, les ardoises qui sont coffinées, parce que comme elles sont creuses, elles sont plus commodes pour suivre la rondeur d'un cône sur-tout auprès de son sommet.

Au reste, la quarrée forte exceptée, on ne peut pas fixer exactement la quantité d'ouvrage qu'un millier des autres especes peut faire, parce que leur longueur varie beaucoup, ainsi que les noms qu'on leur donne; mais le *pureau* de toutes les especes d'ardoises doit être d'un tiers de leur longueur.

Du Lattis.

On se sert quelquefois pour des couvertures communes en ardoise de la latte quarrée, semblable à celle qu'on emploie pour la tuile; mais alors on

L'ART DU COUVREUR.

donne à cette latte trois pouces de largeur, ou bien on choisit les parements des bottes qui sont toujours les plus belles & les plus droites; car quand on est obligé de doler cette latte pour la redresser, elle se trouve souvent réduite à deux pouces de largeur.

On latte comme pour la tuile, excepté qu'on espace les lattes suivant l'échantillon de l'ardoise, afin qu'elle ait son pureau; il est difficile de faire avec de la latte aussi étroite des couvertures propres; c'est pourquoi on en fend exprès pour l'ardoise, on la nomme *latte volisse*, elle a quatre pieds, ou quatre pieds un pouce de longueur sur quatre à cinq pouces de largeur : il y en a vingt-six à la botte. Il faut dix-huit de ces lattes pour garnir une toise quarrée, & quelque chose de plus quand on emploie de la quartelette : ainsi la botte de vingt-six lattes fait une toise & demie d'ouvrage quand elle a quatre pouces & demi de largeur, & quand c'est pour employer de la quarrée forte.

On pose les lattes à un pouce & demi de distance du bord d'une latte au bord d'une autre, afin qu'on puisse passer entre deux les cordes qui servent à attacher les chevalets, & aussi pour que les Couvreurs y puissent passer le bout de leurs pieds.

On met, comme à la tuile, quatre chevrons sous latte *a a a* (*Pl. III. fig.* 1); & souvent on met encore entre chaque chevron une contre-latte de sciage, *b b b*, qui a quatre pouces de largeur, & huit à neuf lignes d'épaisseur. Il faut quatre toises & demie courantes de contre-lattes pour faire une toise d'ouvrage : cette contre-latte se vend ordinairement au cent de toises, ou au grand cent qui contient vingt-deux bottes formées chacune de dix contre-lattes de six pieds de longueur; de sorte, qu'au lieu de deux cents toises, on en a deux cents dix. On remarquera cependant, ainsi que nous l'avons dit, que ces bottes sont toujours formées de dix contre-lattes; mais que les unes ont six pieds neuf pouces de longueur, & les autres douze pieds ; c'est à l'acquéreur à s'arranger sur ces mesures.

Le clou, pour attacher la latte, est le même que celui qu'on emploie pour la tuile; mais on donne la préférence au clou qu'on appelle *aile de mouche*, parce que la tête est très-plate, & ne fait pas tant d'épaisseur que l'autre. Le millier de clou à latte pese ordinairement trois livres & demie; il en faut pour le lattis & le contre-lattis une livre par toise d'ouvrage.

A l'égard du clou pour attacher l'ardoise, le millier pese trois livres; & si l'on attache chaque ardoise avec trois clous, les cent soixante & quinze ardoises quarrées consomment cinq cents vingt-cinq clous, qu'on peut réduire à une livre douze onces, à cause du déchet. Comme on ne met ordinairement que deux clous à chaque ardoise, on n'emploie alors qu'une livre trois ou quatre onces : pour la quartelette, il faut environ trois livres de clous, y compris le déchet.

Ce clou se vend à la somme, qui pese trente livres; & la somme de clou à latte pese trente-six livres : l'une & l'autre espece reviennent par conséquent au même prix, puisque si la somme de clous vaut quinze livres, on aura trente livres de clous à ardoise, & trente-six livres de clous à latte pour la même somme d'argent.

On latte encore avec des planches de sapin, qu'on nomme *volisse* ou *sapin frisé*, qui porte six lignes d'épaisseur sur sept à huit pouces de largeur, &

cinq à six pieds de longueur. Il est bon que les volisses ayent assez de largeur pour être refendues en deux, elles en sont moins sujettes à se coffiner; on les attache avec trois clous sur chaque chevron à tiers-point, deux sur un bord & un dans le milieu près de l'autre bord, comme on le voit (*fig.* 2) : la latte volisse s'attache avec deux clous sur chaque chevron, comme on le voit (*fig.* 1); quand on latte avec des planches, on peut se dispenser de contre-latter.

Préparation de l'Ardoise avant de la monter sur le bâtiment.

QUOIQUE les ardoises ayent été taillées sur les chantiers des carrieres, il faut cependant que le Couvreur, avant de les monter sur un bâtiment, les repasse toutes les unes après les autres, pour leur donner une forme plus réguliere. Pour cette opération, il s'affourche sur un gros billot; il pique devant lui la pointe c de son enclume (*Pl. IV. fig.* 19). Cette enclume a peu d'épaisseur : il pose l'ardoise qu'il veut tailler sur la face ab de l'enclume, puis avec un marteau représenté par la figure 20, dont le manche aa est plat & tranchant, il taille promptement & assez régulièrement l'ardoise. Quand le Couvreur se trouve obligé, étant sur le toit, de retailler encore les ardoises, il pique son enclume dans un chevron, & il retaille l'ardoise, comme on le voit en e, figure 7; ensuite il la présente à la place qu'elle doit occuper, & marque avec la pointe b de son marteau l'endroit où il doit percer l'ardoise; il la repose sur l'enclume, de maniere que la partie où il doit percer les trous réponde à l'enclume; puis en donnant un coup sec avec la pointe du marteau, il perce l'ardoise : la partie a de ce marteau sert à enfoncer les clous comme le fait l'Ouvrier b de la figure 7.

Des Égouts.

QUAND on couvre en ardoise un bâtiment de peu de conséquence, tel qu'une ferme, une maison de Paysan, ce qui est commun dans le voisinage des carrieres d'ardoises, on fait les égouts comme ceux de tuile. Pour cela, on cloue (*Pl. III. fig.* 3) sur le bout des chevrons a, une chanlatte b; & on forme dessus un doublis, & un sous-doublis c, comme nous l'avons expliqué dans l'article du Couvreur en tuile; ensuite on conserve le pureau, en posant les rangs d'ardoises plus élevés, ce qui donne un égout pendant.

Comme en coupant l'ardoise, elle s'écaille toujours du côté qui porte sur l'enclume, c'est-à-dire, en dessous, il faut pour qu'au doublis & au sous-doublis les bords des ardoises se joignent mieux, & fassent un meilleur égout, tourner le côté du sous-doublis qui reposoit sur l'enclume, du côté de la chanlatte, afin que le chanfrein se trouve en-dessous, & on met en dessus le chanfrein de l'ardoise qui forme le doublis; de cette façon, les deux ardoises étant posées l'une sur l'autre, font une arrête saillante, comme on le voit dans la figure 3, & encore plus sensiblement en A (*fig.* 4). Il est clair que si l'on plaçoit différemment ces ardoises, les deux chanfreins formeroient un angle rentrant, comme B (*fig.* 4), & que les bords de l'égout en seroient moins affermis. Au reste, on choisit toujours les ardoises les mieux faites & les plus propres pour former les égouts, & même les rangs supérieurs jusqu'à la hauteur des coyaux dans les égouts dont nous allons parler. Pour

Pour faire les égouts pendants à coyaux (*fig. 5*), on attache sur les chevrons des bouts de chevrons *a*, *b*, de deux pieds & demi, ou trois pieds de longueur; on les fait excéder plus ou moins le vif du mur, & ils sont terminés par un larmier qu'on voit auprès de *b*. Chaque coyau est attaché sur un chevron par trois forts clous *a*; on cloue sur le bout des coyaux la chanlatte *c* qui ne doit point les excéder: on cloue sur la chanlatte le doublis & le sous-doublis *d* sans pureau, & qui doivent faire saillie sur la chanlatte de trois ou quatre pouces; ensuite on pose les ardoises *e*, *f*, suivant leur pureau, & elles sont retenues chacune par deux ou trois clous.

Pour faire les égouts retroussés (*fig. 6*), on pose sur l'entablement *a*, qui a deux pouces de saillie sur le vif du mur, ou davantage quand on forme une corniche, ainsi qu'il est marqué (*fig. 6*); on pose, dis-je, sur cet entablement, avec mortier ou plâtre, un rang de tuiles, auquel on donne trois pouces de saillie au-delà de l'entablement ou de la corniche; sur ce rang de tuiles *c* qui forme le sous-doublis, on pose également avec mortier ou plâtre, un second rang de tuiles, auquel on donne trois ou quatre pouces de saillie au-delà du premier rang, ce qui forme le doublis: on pose encore à mortier un rang d'ardoises qui arrase ce doublis *d*; ensuite on cloue sur la latte qui est portée par les petits coyaux *f*, ou sur un filet de plâtre assez épais pour gagner la pente du toit ou la hauteur de l'arrondissement de l'égout, on cloue, dis-je, les ardoises *e*, *g*, *h*, auxquelles on donne leur pureau.

Quand on ne fait pas l'entablement en pierre de taille ou en plâtre, par défaut de ces matieres, on y supplée avec des briques, ce qui vaut encore mieux que le plâtre: (*Voyez A fig. 8*); & on peut faire aboutir le premier rang d'ardoises sur le bord du doublis.

Comme les tuiles que l'on pose à bouin de mortier, résistent mieux au vent que les ardoises qui ne sont retenues que par des clous, ces égouts sont les meilleurs; mais il faut que les tuiles qu'on emploie pour faire le doublis & le sous-doublis, soient *plates*; celles qui sont courbées dans leur longueur ne sont pas si propres à cela. Dans les lieux où il regne fréquemment de gros vents, on pose quelquefois les cinq ou six premiers rangs d'ardoise sur plâtre, ainsi qu'aux autres endroits où le vent fait le plus de désordre, comme le long des rivets: j'ai vu suivre cette méthode dans des Ports de Mer.

Du Couvert.

Quand les égouts sont formés, on pose toutes les ardoises du couvert, en conservant bien régulièrement le même pureau; & afin qu'elles se joignent plus exactement, on met toujours en dessus la face de l'ardoise où la coupe est en chanfrein & égrignotée; on les attache à la latte avec deux ou trois clous, dont les têtes doivent être recouvertes par les ardoises supérieures; & pour que les files d'ardoises soient régulièrement droites, on fait à chaque rang un trait avec un cordeau pour marquer l'endroit où les ardoises doivent aboutir; & quand il fait trop de vent, on trace avec une regle un trait blanc, & on arrange les ardoises comme on le voit (*Pl. III, fig. 1*).

Quand un toit tel que celui de la figure 7, est plus large à un bout qu'à l'autre, on forme des *accoinçons* qui se terminent à l'égout, & ensuite on conduit tous les autres rangs d'ardoise parallélement au faîte.

Des Arrêtiers.

Après que le plein toit a été couvert, on travaille à couvrir les arrêtiers & les contre-arrêtiers. Pour cela, on forme des approches & des contre-approches, comme nous l'avons déja dit en parlant de la couverture en tuiles ; mais comme on peut tailler aisément & promptement l'ardoise, on les rogne par le bas pour que les files d'ardoises puissent tomber quarrément sur l'arrêtier, au lieu qu'à l'arrêtier en tuiles, on fait un petit arrondissement. Outre cela, on fait ensorte que les ardoises des deux côtés de l'arrêtier se touchent assez exactement pour que l'eau n'y puisse pas pénétrer, & sans qu'on soit obligé d'y mettre du plomb ni du plâtre ; & pour le rendre encore moins pénétrable à l'eau, le Couvreur a soin que la file d'ardoises qui borde l'arrêtier du côté où le vent souffle le plus, soit un peu plus élevée que l'autre ; cependant il met presque toujours au bas de l'arrêtier une petite bavette de plomb taillée en oreille de chat, à laquelle il donne un peu plus de saillie qu'à l'ardoise, & il fait un ourlet au bord de cette bavette. Quoique cette petite opération regarde proprement le Plombier, cependant dans les campagnes, ce sont les Couvreurs qui l'exécutent eux-mêmes, ainsi que d'autres petits ouvrages en plomb.

Des Faîtes.

On couvre ordinairement les ardoises clouées sur le faîte avec des bandes de plomb de dix-huit pouces de largeur, qu'on retient avec des crochets qui saisissent les bords, & qui sont cloués sur le faîte : mais en plusieurs endroits, on couvre les faîtes tout-à-fait en ardoise, ou comme l'on dit, en *lignolet* (*Pl. III, fig. 9*) ; *a*, représente le faîte ; *b*, une ardoise des plus grandes & des plus *plates* qu'on met du côté du fort vent ; cette ardoise est clouée sur les chevrons & les contre-lattes ; elle s'éleve de deux ou trois pouces plus que les autres ardoises ; de l'autre côté du toit sont clouées les ardoises *c*, dont on fait porter le bord supérieur bien exactement contre la face de l'ardoise qui fait saillie ; par ce moyen on épargne du plomb ; mais aussi ces toits n'ont pas autant de grace que ceux dont les faîtieres sont en plomb : il est bien difficile que toutes ces ardoises soient assez exactement jointes pour empêcher entiérement l'eau de pénétrer sur le faîte ; les clous qui attachent les lignolets sont exposés à la pluie, n'étant point recouverts par d'autres ardoises : d'ailleurs quand il faut réparer ces couvertures, on ne peut jetter la corde nouée sur le comble, & l'on est obligé de mettre de six en six pieds de petits œils de bœuf de plomb pour donner passage à la corde nouée. Cependant j'ai vu de grands châteaux qui n'étoient couverts que de cette façon ; & toutes les petites habitations qui avoisinent les ardoisieres sont couvertes de cette même maniere.

Quelques-uns mettent, au lieu de plomb, des faîtieres de terre cuite, pareilles à celles qu'on emploie sur les couvertures en tuile ; on les peint alors en noir à l'huile. Enfin j'ai vu substituer au plomb des feuillets de tôle pareillement peints ; mais cette matiere n'est pas de longue durée.

Les rats percent quelquefois le plomb ; nous avons vu à l'Académie des Sciences un scarabé qui le perçoit aussi.

Malgré les crochets qu'on met pour retenir les tables de plomb qui couvrent les faîtes, les vents très-violents les emportent quelquefois : j'en ai vu qui avoient été ainſi enlevées, & que le même coup de vent avoit roulées comme des cornets d'oublies.

Des Noues.

On exécute les noues d'ardoiſe comme celles de tuile : quelquefois on forme le fond de la noue avec une bande de plomb en façon de gouttiere, ou bien on fait tout le fond de la noue avec de l'ardoiſe. Dans ces deux cas, les deux toits aboutiſſent ſur le fond de la noue par deux tranchis, qui ſaillent de trois pouces ſur le fond de la noue, qui a dix-huit pouces de largeur : ou bien, mais cela n'eſt pas auſſi ſolide, on raccorde les deux couvertures par un ſeul tranchis, comme nous l'avons expliqué en parlant de la couverture en tuile ; mais on ne fait point de noue en onglet ; & comme l'ardoiſe ſe taille beaucoup mieux que la tuile, les noues faites avec de l'ardoiſe ſont toujours beaucoup meilleures que celles qu'on fait avec la tuile.

Lorſque les noues ſont fort roides, par exemple, auprès des lucarnes ouvertes dans le toit, ou vers les manſardes, on ſe contente de faire ce qu'on appelle des *renvers* ; c'eſt-à-dire, qu'on ne fait point de tranchis, mais on donne plus de largeur aux noues par le haut que par le bas.

On taille les ardoiſes étroites ; on fait joindre bien exactement le tranchant de toutes les ardoiſes ; on fait enſorte qu'elles forment un arrondiſſement ; & pour que ces ardoiſes ſe raccordent avec celles des deux toits, on leur taille le bas un peu en creux (*fig.* 10), ce qui forme une courbe, dont une extrémité aboutit aux files d'ardoiſes d'un toit, & l'autre extrémité aux files d'ardoiſes de l'autre toit, en faiſant du côté du toit le plus roide un arrondiſſement qui tient lieu d'un fond de noue, ainſi que le repréſente à peu-près la figure 10. Comme on emploie des ardoiſes qui ont peu de largeur, & comme ces ſortes de noues ſont roides & étroites, elles en ſont moins ſujettes à être pénétrées par l'eau : il eſt conſtant qu'il ne conviendroit pas de faire de pareilles noues pour le raccordement de deux grands couverts.

Quand les toits ſur leſquels on établit des lucarnes ſont fort plats, on fait le renvers à demi-rond ; c'eſt-à-dire, que ce renvers ſe prend du côté du couvert, & que les ardoiſes qui forment la joue de la lucarne ſont un tranchis qui n'a que deux pouces de recouvrement ſur le demi-rond ; & au haut des noues, ce couvert forme un tranchis ſur la couverture de la lucarne.

Comme toutes les noues dont on fait le fond en plomb, ſont fort aiſées à faire, & beaucoup plus ſolides que celles qui ne ſont entiérement faites qu'en ardoiſe, on les préfere aux autres.

Des réparations des Couvertures d'Ardoiſe.

Il y a, ſur les anciennes couvertures d'ardoiſe, deux eſpeces de réparations à faire : les unes s'appellent *menues réparations* ; & les autres *remaniement à bout*.

On entend par *menues réparations*, les ardoiſes qu'il faut ſubſtituer à celles qui ont été rompues ou qui se sont détachées ; & on doit y remédier le plus promptement qu'il est possible, parce que le vent qui s'introduit entre les ardoises voisines de celles qui manquent, y fait souvent beaucoup de dommage.

Quand le vent a emporté plusieurs ardoises, si la latte est bonne, il suffit de remettre celles qui manquent ; mais ce qu'il y a de plus difficile, c'est de clouer celles qui sont les plus élevées. Si la latte se trouve pourrie, il faut y en substituer d'autre plus saine ; & on se contente pour cela de clouer des bouts de lattes sur les contre-lattes.

Pour faire sentir la difficulté qu'il y a à mettre en place les ardoises qui sont au-dessus de celles qui manquent & qu'il faut réparer, supposons qu'une ardoise soit rompue : il faut en premier lieu arracher les clous qui la retenoient ; on se sert pour cela du tire-clou (*Pl. IV. fig.* 1) ; cette opération est assez aisée à faire ; mais quand on a ôté les fragments de cette ardoise rompue, & qu'on en a taillé une autre pour mettre en sa place, comme il faut la fourrer sous le pureau du rang d'ardoise supérieur, il n'est pas possible de la clouer sur la latte ; on est donc obligé de déranger l'ardoise supérieure pour attacher sous son pureau celle qu'on substitue. Le seul moyen de pouvoir arrêter cette ardoise avec un clou, est de pousser de côté l'ardoise supérieure *a* (*Pl. IV. fig.* 2), pour pouvoir clouer l'ardoise *b* ; mais comme l'ardoise *a* avoit été fixée par deux clous, il faut, pour la déranger, arracher un de ces clous qui la retenoit, & cela ne se fait pas sans risque de casser cette ardoise : quand l'ardoise dérangée a été remise à sa place, elle n'est plus retenue que par un clou, encore ce clou a-t-il été ébranlé en retournant l'ardoise, le trou de l'ardoise a été élargi, & par conséquent, cette ardoise qui ne se trouve plus assujettie assez solidement, peut être détachée par le premier coup de vent. Si l'on n'arrêtoit toutes les ardoises qu'avec un seul clou, on pourroit les déranger bien plus aisément sur le côté, mais aussi elles ne seroient pas arrêtées assez solidement, & le vent les dérangeroit en les poussant sur le côté.

Quelquefois les Couvreurs, après avoir arraché les clous d'une ardoise rompue, & en avoir enlevé les fragments, taillent une ardoise neuve, & la fourrent entre les autres ardoises pour remplacer celle qui étoit rompue, sans la clouer. Quand le toit est fort plat, cette ardoise subsiste assez longtemps en place ; mais quand le toit est un peu roide, elle tombe au premier vent qui survient.

Dans le voisinage des carrieres d'ardoise, où l'on emploie des ardoises fort épaisses, on les retient avec trois clous sans qu'il en résulte d'inconvénient ; parce que les couvertures ainsi faites durent jusqu'à ce que les lattes ou les charpentes soient entièrement pourries.

On feroit bien plus aisément les réparations sur les couvertures d'ardoises, s'il n'y avoit pas d'inconvénient à mettre des clous à l'eau ou sur le pureau ; & je crois que l'on pourroit empêcher que ces clous ne laissassent passer l'eau, si l'on entortilloit la tige du clou d'une ficelle enduite de gaudron, qui seroit forcée par la tête du clou, ou bien si l'on mettoit sous le clou une petite virolle de plomb mince. Je ne prétends pas conseiller aux Couvreurs de suivre aveuglément cette méthode, d'autant que pour mettre le clou à l'eau, il faudroit souvent percer deux ardoises ; mais je desirerois qu'ils

voulussent

voulussent en faire l'essai; parce que, si l'on pouvoit empêcher l'eau de passer le long de la tige du clou, on pourroit se dispenser, lors des réparations, de déranger les ardoises, & on pourroit les attacher toutes à deux ou trois clous. Pour commencer cette épreuve, je voudrois couvrir une couple de pieds en quarré, où j'emploierois une partio des ardoises avec des clous à l'eau, mais dont la tige seroit garnie de ficelle poissée, & dans une autre partie j'emploierois des viroles de plomb; & puis j'examinerois dans les temps de pluie, si l'eau pénétreroit plus en ces endroits qu'ailleurs.

Quand il ne manque que quelques ardoises à un égout, on évite ordinairement d'échafauder sur des chevalets, & on se contente de se servir de longues échelles qui s'étendent jusques sous l'égout; on a soin qu'elles ne portent point dessus les ardoises de l'égout qui se romproient sous le poids : il faut donc que le haut de l'échelle soit plus écarté de la muraille que l'égout ne fait de saillie, sans quoi le Couvreur ne pourroit avoir assez de liberté pour travailler; mais il se procure cette facilité en attachant au haut de l'échelle une chaise renversée (*Pl. IV. fig.* 28), dont les pieds portant sur la muraille au-dessous de l'égout écartent assez le haut de l'échelle, pour que le Couvreur puissent travailler facilement. Et comme il faut éviter que l'échelle qui ne repose que sur cette chaise qui a peu de largeur, ne se renverse, il passe deux perches entre les échelons & les montants de l'échelle pour empêcher de tourner.

Des Lucarnes.

APRÈS ce que nous avons dit des noues, nous croyons avoir satisfait à tout ce qui regarde le Couvreur. Quant à ce qui concerne les lucarnes, il y en a de bien des sortes (*Pl. III. fig.* 11); *A*, lucarne à demoiselle; *B*, à la mansarde, ou rampante; *C*, à la capucine avec une crouppe en devant; *D*, lucarne flamande avec un fronton; *E*, lucarne à foin.

On fait encore plusieurs autres sortes de lucarnes : mais leurs différentes formes sont plus du ressort des Charpentiers que des Couvreurs.

La lucarne à demoiselle *A* se couvre en plein toit, excepté vers l'angle *a*, où il faut ajouter un petit bout de gouttiere, ou une noue qui en tienne lieu : aux toits en tuiles, on fait cette gouttiere avec des tuiles creuses en oreilles de chat, qui versent l'eau des deux côtés; communément aux couvertures en ardoise, ce bout de gouttiere est de plomb : le plein toit, ainsi que celui de la lucarne, aboutissent dans la gouttiere par un rivet qui fait saillie de 2 pouces.

Le toit de la lucarne *B* se couvre tout uniment avec de petites ardoises qui font un arrondissement; il est terminé des deux côtés par deux égouts; & on couvre le raccordement des deux toits sur le faîte, avec une table de plomb : on en met aussi ordinairement une sur le devant; les noues, sur les côtés, se font comme nous l'avons déja expliqué. Comme on voit que les Couvreurs exécutent les toits de toutes les espèces de lucarnes au moyen d'égouts, de tranchis, & de noues, &c. il seroit superflu de s'étendre sur les différences de chaque espèce de lucarne.

Des Échafauds des Couvreurs.

Les Couvreurs se servent quelquefois des échafauds des Maçons pour former les égouts, mais communément ils s'échafaudent sur des chevalets de pied (*Pl. IV. fig.* 3 & 4, & *Pl. III. fig.* 12), qu'ils attachent avec des cordages aux pannes ou autres pieces de la charpente du toit. Ces chevalets forment une vraie console, comme on le voit (*Pl. III. fig.* 12), dont le côté perpendiculaire ab s'appuie contre le mur : le cordage passe par une entaille faite aux pierres de l'entablement, & va répondre à la charpente, de sorte que le dessus du chevalet se trouve environ un pied au-dessous de l'égout. Ces chevalets se mettent à dix ou douze pieds les uns des autres, & ils soutiennent une échelle qu'on couche sur la branche horizontale c de ces chevalets : on étend des planches sur les échellons des échelles, ce qui donne au Couvreur la commodité de travailler, ou assis, ou à genou, ou debout, selon l'attitude qui lui paroît la plus commode (*Pl. IV. fig.* 7).

Quand l'égout est formé, le Couvreur monte sur la latte qui lui tient lieu d'échelle, & il pose sur la partie du toit qui est déja couverte de petits chevalets ou *traquets* de couverture (*Pl. IV. fig.* 6), qu'il attache avec des cordes aux chevrons, de maniere que le côté aa pose sur le toit : on conçoit que pour que le côté bb soit dans une situation horizontale, il ne faut pas que les deux branches a & b forment un angle droit comme aux chevalets des figures 3, 4 & 5, mais qu'ils fassent une fausse équerre comme à la figure 6 ; & comme le côté aa doit être appuyé sur la partie du toit qui est déja couverte, pour ne point rompre les ardoises, on ajoute de minces traverses de bois cc (*fig.* 6) ; on couche des échelles & des planches sur ces traquets, comme on le voit (*fig.* 7), où aa représentent ces traquets ; bb, les cordages qui les attachent aux chevrons ; cc, l'échelle couchée sur les traquets ; dd, planche posée sur les échellons de l'échelle ; e, Couvreur qui taille une ardoise sur son enclume ; f, Couvreur assis qui cloue & attache une ardoise.

On ne monte les ardoises sur le bâtiment qu'à mesure qu'on doit les employer, (*fig.* 11) ; & on les pose sur l'échafaud comme en g (*fig.* 7), ou bien on les met sur des *bouriquets* ou *chats* (*fig.* 8, 9 & 10), qui s'accrochent aux lattes. Quand on ne fait que des réparations, on met les ardoises dans une petite caisse (*fig.* 29), qu'on suspend à une longue corde pour avoir la facilité de la faire aller sur le toit sans courir risque que les ardoises tombent. On se formera une idée de ces petites caisses en se représentant qu'à la place de la planche a (*fig.* 9), c'est une petite caisse dans laquelle on met les ardoises.

Pour les couvertures en tuiles, les Couvreurs font une grande partie de la couverture en montant sur la latte ou sur des échelles garnies d'un rouleau de natte, ou de paille (*fig.* 11), qu'ils attachent à la latte ; & quand le toit est bordé de cheneaux de plomb, ils mettent le pied de l'échelle dans le chaîneau même.

Quand il s'agit de réparer une couverture, le Couvreur sort par une lucarne B (*fig.* 12), avec une échelle légere ; s'il y a un cheneau, il lui sert à poser le pied de cette échelle, qu'il couche sur le toit, sinon il fait un trou à la couverture vers A (*fig.* 11), & il attache l'échelle à la latte avec une corde : il place cette échelle bien perpendiculairement afin qu'elle ne coule ni à droite ni à gauche ; il monte ainsi jusqu'au haut du toit, où il fait un second trou vers C pour y attacher le haut de l'échelle ; alors elle est affermie dans sa position ; & comme elle ne peut couler sur le toit, le Couvreur est en état de se mettre à califourchon sur le faîte, & a la facilité de monter sur le toit des échelles plus longues, qu'il tire avec des cordes, ou d'en attacher deux ensemble, qu'il chevale par-dessus le faîte, comme on le voit (*fig.* 13).

Quand les toits sont fort plats, il faut se servir d'échelles fort légeres, garnies de rouleaux de paille ou de natte en tête & en queue, comme le représente les figures 11 & 13 ; car le poids du Couvreur pourroit rompre les ardoises si l'on se servoit de la corde nouée.

Quand au contraire les toits sont roides, comme alors le poids du corps du Couvreur repose moins sur l'ardoise, il se sert d'une corde nouée pour y travailler. Il commence par attacher à chacune de ses jambes un étrier de cuir (*fig.* 14), composé de deux jambiers a, a ; la partie b passe sous la plante de son pied ; il les attache à sa jambe avec deux jarretieres c, c, & ces jambiers se réunissent à un crochet de fer d, qu'il accroche aux nœuds de la corde. Le Couvreur, lorsqu'il s'est accroché à la corde, courroit risque de se renverser en arriere, s'il ne la tenoit pas fermement avec ses mains ; mais comme il doit les avoir libres pour travailler, il y supplée en accrochant à la même corde une sellette (*fig.* 15), sur laquelle il peut être assis.

On voit dans la figure 16 un Couvreur qui monte à l'aide d'une corde nouée ; il ne peut faire cette manœuvre que bien lentement, parce qu'il faut qu'il décroche l'un après l'autre, les deux étriers attachés à ses jambes, puis la sellette pour les remonter à un nœud supérieur, ainsi il ne peut s'élever qu'à une petite hauteur à chaque fois.

Si les réparations qu'on doit faire sont à un comble, le Couvreur jette une corde nouée par-dessus le faîte, & un Ouvrier peut travailler d'un côté pendant qu'un autre travaille de l'autre ; ou si la réparation ne se doit faire seulement que d'un côté du toit, il place du côté opposé une échelle à laquelle il attache la corde nouée ; cette échelle lui sert alors de contre-poids ; sinon il laisse pendre du même côté qui lui est opposé un long bout de corde, auquel est attaché un poids suffisant pour empêcher la corde de couler du côté où il travaille.

Si la réparation qu'on veut faire est sur une croupe, le Couvreur attache la corde nouée à l'aiguille, & il peut ainsi travailler sur les trois faces de la croupe.

A l'égard des pavillons & des fleches de clochers (*fig.* 17), comme il s'y trouve ordinairement quelque petit œil de bœuf en plomb A, placé vers l'endroit le plus élevé de la charpente, on passe par-là une corde nouée de moyenne grosseur ; le Couvreur monte sur cette corde jusqu'à l'œil de bœuf, comme on le voit en B ; puis tenant de la main droite C, une autre petite corde nouée que l'on nomme *le fouet*, il la jette le plus haut qu'il peut pour embrasser la fleche ; en donnant à son bras le mouvement indiqué par D, il attrape le bout de la corde avec une latte E, qu'il tient de la main gauche ;

il lie autour de la fleche les deux bouts du fouet, le plus ferré qu'il lui est possible, & se sert de cette petite corde pour s'élever d'une petite quantité le long de la fleche : en répétant plusieurs fois cette manœuvre, il parvient à s'élever peu à peu jusqu'au haut de l'aiguille, où il attache la corde nouée E. Quand il a fait la réparation convenable, & qu'il veut ensuite descendre, & détacher la corde nouée du haut de la fleche, il attache la petite corde nouée au-dessous de l'amortissement avec un virbouquet de ficelle AD (*fig.* 18) ; ce virbouquet est formé d'une anse de ficelle A, dans laquelle passe une autre anse de la même ficelle, qui reçoit une cheville B faite d'un bois dur & bien graissé ; au gros bout de cette cheville est attachée une autre ficelle C, qui descend jusqu'à l'œil de bœuf A (*fig.* 17). Ce virbouquet étant attaché au fouet en D, le Couvreur peut descendre en sûreté sur le fouet jusqu'à l'œil de bœuf A; alors il s'attache à la grosse corde nouée qui passe par cet œil de bœuf ; & quand il s'y est établi, il tire à lui la petite corde C, qui tient à la cheville B du virbouquet, & comme le fouet ne tient plus à rien, il tombe par son propre poids : il faut seulement, quand le Couvreur descend sur le fouet, qu'il prenne garde d'accrocher la ficelle C, attachée à la cheville B qui est graissée ; car si cette cheville venoit à sortir de sa boucle, il tomberoit infailliblement : il faut encore, quand il est établi sur la grosse corde nouée, & qu'il tire la cheville B du virbouquet, qu'il prenne garde que le fouet ne tombe sur lui ; le poids de cette corde pourroit le blesser.

Les Couvreurs se servent quelquefois d'échelles faites comme celles des Tapissiers, mais qui sont de bois blanc & fort légeres, pour qu'elles puissent se manier plus aisément sur les toits ; il est inutile qu'elles ayent beaucoup de force, parce qu'étant soutenues par le toit dans toute leur longueur, elles ne fatiguent point. C'est pour cette raison que la plupart des échelles des Couvreurs sont construites de deux tringles plates, sur lesquelles les échellons qui sont plats aussi, sont attachés avec des clous (*Pl. IV. fig.* 28).

Les rouleaux dont on garnit les échelles pour qu'elles ne brisent point les ardoises, sont de paille longue, ou de paille nattée.

De l'estimation des Ouvrages de couverture.

Il seroit superflu d'entrer ici dans de grands détails sur le toisé des ouvrages de couverture : il y a de bons Ouvrages qui en traitent expressément, & ce n'est qu'une explication des regles qu'on puise dans les Traités de Géométrie. Mais je ne crois pas hors de propos de faire mention de certains usages qui sont suivis par les Experts.

1°. Dans certaines Provinces, on ne toise point les ouvrages de chaume, qui se payent au millier de sabotées ; & quand les Ouvriers n'ont qu'employé le chaume qu'on leur a ramassé, on ne leur donne pour leurs peines de l'emploi, que la moitié du prix qu'ils pourroient prétendre s'ils avoient été chargés de le ramasser. Il y a des Provinces où on les paie à la travée ; ailleurs c'est à la toise.

2°. A l'égard des couvertures en tuile, comme la pose des faîtieres en mortier ou en plâtre exige plus de temps que le plein toit, on toise le faîte comme tout le reste, & on y ajoute un pied de plus,

3°. Pour ce qui est des couvertures en ardoise, il est aisé, après ce que nous avons dit, d'estimer la valeur d'une toise courante, puisqu'il ne s'agit que de savoir le prix courant des matériaux, & de détailler chaque toise d'ouvrage comme si elle étoit en plein comble ou en plein couvert. Le principal bénéfice du Couvreur sera sur ce qu'on nomme *les usages* : ainsi plus il y en aura, plus il gagnera.

Voici un exemple de la valeur d'une toise en plein couvert, en supposant que le millier d'ardoises vaille 40 l. les cent soixante & quinze qu'il faut pour couvrir une toise coûteront. 7 l.
Une livre & demie de clous à dix sols. . . . . . , . 15 s.
18 lattes à ardoises, à raison de 20 sols la botte. .   14
4 toises & demie de contre-lattes, à 5 sols la toise. 1   2   6 den.
Une livre de clous pour lattis & contre-lattis, à 8 sols.
6 deniers la livre.   8   6
Façon & main-d'œuvre, à 2 livres la toise.   2

Total d'une toise en plein comble. . . . . . . 12 liv.

On fera un pareil détail pour la quartelette.

4°. Comme dans les remaniements à bout, on latte à neuf, & qu'on refait les faîtages, les ruellées, les solins, souvent même les égouts, & qu'on fournit à neuf les ardoises en place de celles qui sont rompues ; pour faire l'estime du remanié à bout, on commence par déduire le prix de la vieille ardoise, & l'on paye le reste comme pour les couvertures neuves.

5°. Les enfaîtements des couvertures en ardoise ne se comptent point, quand on doit les faire en plomb.

6°. Les recherches sont des réparations légères : quand il ne manque des tuiles ou des ardoises qu'en quelques endroits du toit, quand les plâtres ou mortiers sont rompus par parties, quand il faut émousser & nettoyer les ardoises ou les tuiles ; tout cela fait partie des recherches.

7°. Si les plâtres & mortiers ne sont refaits que dans les parties où ils manquent, alors ils ne sont pas mis en compte ; mais s'ils sont entièrement refaits ou rechargés, on les compte ; c'est pour cela que les Couvreurs ont grand soin de reblanchir tous les plâtres ; on ne compte point, dans les recherches, les usages de lucarnes, celles des égouts, des faîtes, ni les pourtours des combles du bord d'un égout à l'autre ; leur longueur se prend entre deux solins ou entre deux ruellées.

8°. Comme il est bien rare de ne pas trouver dans ces sortes d'ouvrages des parties neuves ou remaniées, cela engage des propriétaires à donner les couvertures à l'entretien par baux de neuf ans ; en ce cas, il faut obliger le Couvreur à faire, tous les ans, quelques toises à neuf, pour éviter qu'il ne compte vaguement un pied de réparation dans un endroit, deux pieds ou plus dans d'autres.

9°. Au reste, le Couvreur doit, lors des recherches, fournir neuf ardoises ou tuiles neuves par toise ; il les doit poser en échiquier, moyennant quoi, & suivant la qualité de l'ouvrage, on lui paye depuis dix-huit jusqu'à vingt-deux sols par toise. Il se fait cependant des recherches en ardoises, qui font affez confidérables pour être payées trente & trente-cinq fols la toife.

10°. Les égouts pendants qui font formés par un doublis & un fous-doublis, pofés fur une chanlatte, fe toifent avec le refte de la couverture, en ajoutant un pied pour chaque égout, s'il eft fimple: il faut remarquer, qu'aux égouts la tuile de deffus eft toifée avec le comble; ainfi on compte les tuiles pour fix pouces de faillie fur la longueur, à l'exception de celles de deffus. C'eft pour cela que les égouts à trois tuiles font comptés pour un pied; ceux à quatre tuiles, pour un pied & demi, & ceux à cinq tuiles, pour deux pieds & demi. Lorfqu'on fait les égouts avec de vieilles tuiles, on en doit faire la diftinction, pour ne les compter que comme remaniés à bout.

11°. Quand les égouts font d'ardoife, ils ne font comptés que pour un demi-pied courant; & c'eft ce qu'on appelle *redoublis d'ardoife*, pour lequel on ajoute un demi-pied au pourtour.

12°. Nous avons dit qu'on faifoit aux combles en ardoifes, des égouts en tuile, fur lefquels on appliquoit une peinture noire à l'huile; en ce cas, on compte les redoublis d'ardoife avec les ouvrages d'ardoife; mais les égouts en tuile, font comptés avec les ouvrages en tuile, & la peinture eft eftimée à part. De même, aux couvertures d'ardoife, dont l'enfaîtement eft fait avec des faîtières norcies; on doit en faire diftinction pour les compter comme ouvrage en tuile, & l'on eftime en fus la peinture que l'on y applique.

13°. Si, au lieu de plomb, on fait au faîte un embardellement de plâtre de la hauteur d'un pureau de chaque côté, on ajoute dans le compte un pied en fus du pourtour.

14°. Les épis ou poinçons armés d'ardoife font comptés pour neuf pieds, c'eft-à-dire, pour un quart de toife.

15°. Si l'égout en tuile eft retrouffé, & s'il y a plufieurs rangs de tuiles pofées en plâtre ou en mortier; après avoir toifé l'égout avec le refte, on ajoute deux pieds pour chaque égout.

16°. Si le toit aboutiffant contre des murailles eft terminé par des ruellées, on ajoute deux pieds à la longueur du bâtiment, par chaque ruellée.

17°. Pour les tranchis, ou rives pofées à mortier ou à plâtre, ou pour les folins fur les bords des pignons, & les filets qui forment le faîte d'un appentis, on ajoute pareillement un pied à la longueur du bâtiment.

18°. Pour chaque arrêtier, on ajoute un pied à la longueur du bâtiment pris à mi-comble.

19°. Il y a un ufage bien ridicule par rapport aux plâtres; c'eft celui de compter ceux qu'on emploie fur une couverture d'ardoife neuve, le même prix que la couverture même; tandis que ces mêmes plâtres, pareils en tout, font payés cinq fixiemes de moins quand ils font pofés fur une couverture en tuile remaniée. Cette différence de prix engage les Ouvriers à mettre quelques parties de tuile ou d'ardoife neuve le long des plâtres, où il ne feroit pas néceffaire d'en mettre, afin de pouvoir les porter en compte comme ouvrage neuf, lorfqu'ils ne devroient l'être que comme remaniés à bout: il feroit plus convenable que les plâtres fuffent toifés féparément & payés un même prix, foit qu'ils fuffent fur des ouvrages neufs, ou pour les remaniés à bout.

On n'a point égard au rabais des vuides occafionnés par l'excédent des mesures que donnent les longueurs & les pourtours, & on a tort : un Particulier n'est point tenu de payer l'ouvrage qui n'existe pas, & où rien ne peut le remplacer. Par exemple, un comble qui aura entre deux pignons vingt-quatre pieds de clair, (ce terme signifie, *sans aucun usage*; d'autres disent *dans œuvre*), & trente-six pieds de pourtour aussi de clair, aura de superficie vingt-quatre toises.

Si on ajoute à la longueur de vingt-quatre pieds, deux pieds pour les solins, elle sera alors de vingt-six pieds ; & si au pourtour, on ajoute cinq pieds pour les deux égouts, & la plus valeur du faîte, il sera de quarante & un pieds, & sa superficie vingt-neuf toises deux pieds. Il faut démontrer qu'il y a dans ce calcul dix pieds de trop.

La superficie claire est de . . . . 24 ^{toises}
Les deux égouts de chacun vingt-quatre pieds de long, sur un pied, ensemble quatre pieds. . . . . . . 2 $\frac{1}{2}$ 6
Le faîte, vingt-quatre pieds, sur un pied. . . . $\frac{1}{2}$ 6
Les deux solins, trente-six pieds de pourtour sur ensemble deux pieds valent. 2

29 ^{toises} 12 ^{pieds}

Tous ces objets réunis font ensemble vingt-neuf toises douze pieds, qui est le vrai toisé, & dont la différence avec celui ci-dessus est de dix pieds.

20°, On ne retranche rien pour les lucarnes, ni pour les œils de bœuf, quoiqu'on les toise à part, comme nous le dirons dans la suite.

21°, A l'égard des mansardes, on ajoute au pourtour de la couverture un demi-pied pour le petit égout du brisis, comme pour un égout simple.

22°, Nous avons dit que quand les égouts d'ardoise étoient posés sur un doublis & un sous-doublis de tuile, on comptoit à part ce qui est en ardoise, & ce qui est en tuile. Souvent, pour éviter ces détails, on ajoute un pied dans toute la longueur de l'égout.

23°, Pour les couvertures d'ardoise, nous avons dit qu'on ne comptoit point les enfaîtements quand ils sont faits de plomb ; mais lorsqu'ils sont formés comme les arrêtiers, on ajoute un pied au pourtour du toit.

24°, Pour les arrêtiers des couvertures d'ardoise, on ajoute un pied à la longueur de la couverture prise à mi-toit.

25°, Pour les solins, on ajoute aussi un pied à la longueur du bâtiment.

26°, Les œils de bœuf ne sont plus gueres d'usage ; on y a substitué les vues de faîtieres ; on n'en voit que sur les couvertures d'ardoise, mais on les fait en plomb, & ce sont les Plombiers qui les mettent en place. On tient compte au Couvreur des accordements ou tranchis, pour six pieds d'ardoise sans rabattre de vuide ; ou bien, pour plus d'exactitude, on pourtourne l'œil de bœuf le long du tranchis. Ce pourtour compté sur six pouces de largeur, donnera ce qui doit appartenir au Couvreur.

27°, Aux lucarnes en plein comble, entourées de toutes parts, on ne rabat rien pour le vuide de la baie, pourvu qu'elle ne soit pas d'une grandeur extraordinaire.

28°, Quand les lucarnes sont posées sur le bord des combles, où l'égout passe devant, on ne rabat rien pour leur vuide ; mais si l'égout est interrompu, on rabat l'emplacement qu'auroit occupé cette ouverture, depuis le devant de la lucarne, jusqu'au devant du premier pureau d'égout, & l'on compte les ruellées qui sont aux côtés.

29°. Dans les mansardes qui sont garnies de lucarnes, au-devant & au-dessus desquelles les égouts passent, on ne rabat rien pour leur vuide; si l'égout est interrompu, on déduit seulement la saillie de l'égout; si rien ne passe au-dessus ni par-devant, le vuide est entièrement défalqué; mais on compte les solins qui sont aux côtés.

30°. Si, au-devant de ces lucarnes où il n'y a point de devanture, il se trouve un chêneau avec pente, cette pente sera comprise dans le toisé; mais le vuide des lucarnes sera réduit après le développement des plâtres.

31°. Quand les joues des lucarnes sont revêtues d'ardoises, on toise leur superficie, en y comprenant les tranchis & dévirures, à raison de six pouces pour chacun.

32°. Lorsqu'il y a un fronton au-dessus des lucarnes, quelque grand ou petit qu'il soit, il est compté pour une demi-toise en sus. S'il y a un chevalet, grand ou petit, il sera aussi compté pour une demi-toise en sus. Si, au lieu d'un chevalet, il y a un chapeau de plomb, le lattis ou l'assise de plâtre est comptée pour neuf pieds ou quart de toise.

33°. Lorsque les noues des couvertures en ardoise sont en plomb, on ne rabat rien au Couvreur pour le fond de la noue; mais, comme nous l'avons déja dit, on ajoute six pouces pour chaque tranchis dans toute la hauteur de la noue. Si ces noues sont en ardoise, sans plomb; après avoir toisé plein, on ajoute trois pieds de large sur toute la hauteur de la noue, parce qu'il doit y avoir deux parements & quatre tranchis.

34°. Lorsqu'un Couvreur pose & fournit les gouttieres, elles lui sont comptées à la toise courante, y compris leur sellement & la pose; mais on compte de plus les égouts & les battements, c'est-à-dire, le dernier rang de tuiles ou d'ardoises doubles qui forment l'égout dans un chêneau ou une gouttiere; ainsi on augmente d'un pied la mesure du comble; savoir six pouces pour la tuile de dessous, & six pouces pour le parement qui est au-dessus.

35°. Si la gouttiere n'a pas été fournie par le Couvreur, & qu'il n'ait fait simplement que la poser, on lui compte un pied courant pour la pose en remanié à bout.

36°. Les gouttieres du derriere des lucarnes en demoiselles, sont comptées à toises & pieds courants; si elles sont neuves, on ne compte ni la pose, ni le battement, ni les parements, parce que tous ces objets sont compris dans l'évaluation d'une demi-toise, comme il a été dit plus haut.

37°. Les dosserets au-devant des cheminées sont de même genre; la gouttiere s'en paye au pied courant, si elle est neuve; & l'on ne la compte point si elle est vieille.

CHAPITRE IV.
Des couvertures en Bardeau & en Lave.

Article I.
Couvertures en Bardeau.

ON APPELLE *bardeau* de petites planches refendues, comme le merrain, mais qui n'ont que 12 à 14 pouces de longueur; leur largeur varie. Quand ces petites planches ont été fendues dans les forêts, on les fait dresser & réduire à 4 ou 5 lignes d'épaisseur par des Tonneliers, qui se servent pour cela d'une doloire; on fait aussi du bardeau avec des douves de vieilles futailles: quand le bardeau a été ainsi travaillé, les Couvreurs l'emploient; ils le clouent sur la latte comme l'ardoise. Mais pour tailler proprement le bardeau & le mettre de largeur, les Couvreurs se servent d'une hachette, ils le percent avec une vrille pour y placer le clou, sans quoi le bardeau pourroit se fendre; ces petites planches s'emploient de la même maniere que les ardoises, & font une couverture très-propre; j'en ai vu employer sur des fleches de clochers, & sur des moulins: le bardeau résiste mieux aux coups de vent que l'ardoise; mais l'eau s'amasse entre le recouvrement, & fait pourrir le bardeau assez promptement, à moins qu'il ne soit fait de cœur de chêne de la meilleure qualité: la légéreté de son poids est un des principaux avantages de cette couverture.

Article II.
Des Couvertures en Lave, par M. le Marquis de COURTIVRON.

LA COUVERTURE en pierre plate, qu'on nomme *lave*, est en usage dans plusieurs Provinces de France: en Bourgogne, en Franche-Comté, en Champagne & en Lorraine. Il y a des districts & des bailliages entiers de ces Provinces où cette matiere est commune; & où l'on voit les maisons des villes, les châteaux, & les églises couvertes de cette pierre: le luxe seul y a introduit des couvertures plus distinguées. Il est difficile de rendre raison de l'étymologie de ce mot, *lave*. On sait que nous appellons *lave*, une matiere produite par les volcans qui la vomissent à demi-vitrifiée; elle se porte par le torrent qu'elle produit à différentes distances du foyer embrasé; & elle retient le nom de *lave* quand elle est refroidie & figée. Dans les Provinces qui emploient de la lave pour faire des couvertures, on entend par ce mot une pierre plate de différente épaisseur, qui se détache aisément, & qui se tire à découvert des carrieres dont elle forme la superficie. J'ai vu des carrieres où l'on trouve de la pierre épaisse sous un banc de lave; d'autres fois la lave ne recouvre qu'un roc vif; d'autres fois encore, un gros sable applani, dont les assemblages paroissent diversement disposés & inclinés: les Ouvriers disent que dans ces sortes de carrieres l'eau court, ou qu'elle a couru; & que c'est pour cette raison qu'on appelle *lave* ces pierres minces & plates, comme qui diroit *pierre lavée*.

COUVREUR.   L

Mais rien ne paroît moins fondé que ce sentiment, puisqu'on trouve des carrieres de lave dans des plaines, & sur des montagnes très-élevées, où l'eau ne peut courir ; & quoiqu'il y ait des carrieres ouvertes depuis un grand nombres d'années, jamais on n'y a vu d'eau courante, mais seulement quelques eaux pluviales qui s'y rassemblent dans les lieux bas : presque toute la partie de la Bourgogne, qui est connue sous le nom de *Bailliage de la Montagne* ou *de Chatillon*, a des carrieres de lave dans les lieux les plus élevés. La plaine de Chanceru en est toute couverte.

Quoiqu'on trouve des carrieres de laves dans les lieux les plus élevés, on ne laisse pas d'en rencontrer aussi à mi-côte, & quelquefois même jusqu'au pied des montagnes. Comme cette pierre ne coûte que les frais de la tirer, les Ouvriers que l'on emploie s'attachent à n'en prendre que dans les lieux qui leur sont les plus commodes, soit pour le tirage, soit pour le charroi : il n'est cependant pas indifférent de prendre cette pierre au hasard ; nous en dirons les raisons en parlant de son emploi.

Du Tirage de la Lave.

Les Ouvriers qui tirent la lave sont pour l'ordinaire de simples Manœuvres & Journaliers ; quelquefois aussi ce sont des Couvreurs âgés qui n'ont plus assez de forces pour pouvoir travailler sur les toits. Cependant cette couverture en lave exige moins que toute autre l'intrépidité & le sang froid, dont les Couvreurs doivent être pourvus ; le peu d'inclinaison des toits permettroit presque à ceux dont ce n'est pas le métier de s'y tenir avec assûrance. Les Tireurs de lave commencent par faire ce qu'ils appellent *un découvert* ; ils jettent sur les côtés la terre qui couvre le lieu où ils sont assurés qu'ils trouveront cette pierre ; ils ôtent aussi la pierraille qui en couvre la superficie, & les laves pourries par les eaux pluviales ; après avoir enlevé cette superficie, & lorsqu'ils sont parvenus à la bonne lave, ce qui n'excede jamais deux pieds de profondeur, ils travaillent à tirer cette pierre. Les outils qu'ils y emploient sont des plus simples ; un pic à pointe acérée AB (*au bas de la Pl. III. fig.* 1), & dont la tête B qui est près du manche est trempée ; une petite pince CDE (*fig.* 2), longue au plus de 30 pouces, dont le talon est relevé, comme on le voit en D ; un pic FGH (*fig.* 3) dont la partie F qui est opposée à la pointe, est une espece de pioche, large au plus de trois pouces. C'est avec ces outils que le Tireur de lave détache ces pierres les unes des autres, en introduisant la pointe du pic à tête, ou celle du pic en pioche entre les joints de chaque pierre ; ou, si elle résiste trop, il se sert de la pince : souvent il paroît une légère empreinte de terre noire, rouge ou brune entre chaque lit. A mesure que le Tireur a enlevé une table de lave, il l'arrange de façon qu'il en forme de petits tas arrondis, ou des especes de pyramides d'environ 3, 4 ou 6 pieds de diametre, & de 2 ou 3 pieds de hauteur. Ces pierres se trouvent rangées assez irréguliérement ; les premieres le sont, comme les cartes que les enfants disposent pour commencer à former de petits châteaux ; ensuite ils posent les autres, toujours inclinées à l'horizon, & non à plat : dans cette situation la lave se seche mieux, le soleil & l'air la saisit plus aisément ; & elle devient d'un transport moins dispendieux, quand après avoir été exposée quelques mois à l'air libre on veut la voiturer pour en faire l'emploi. Si le Tireur de laves détache des pieces trop larges, ou trop longues, il les casse avec le pic dont la tête est trempée, après l'avoir posée sur une piece de bois IK (*fig.* 4). Comme les laves sont de dimensions différentes, on les casse pour les réduire à un pied, dix-huit pouces ou deux pieds de longueur sur, à-peu-près, autant de largeur. La lave ne doit pas avoir au-dessus d'un pouce d'épaisseur; celle qui l'est le moins a quatre ou cinq lignes; les autres épaisseurs sont intermédiaires entre celle-là. On pose la lave la plus épaisse sur les murs des égouts, ou sur ceux des pignons pour commencer les rangs, ainsi que nous l'expliquerons quand nous rendrons compte de la maniere d'employer cette pierre : la plus mince se réserve pour former les rangs de la couverture qui doivent porter directement sur les bois de la couverture. Avant de parler de l'emploi de cette lave, & des façons que l'ouvrier lui donne, je crois devoir dire un mot de la maniere dont on construit les charpentes des toits que la lave doit couvrir.

Maniere de construire la Charpente qui doit porter la couverture en Lave.

Si un Charpentier est chargé de tailler une ferme pour couvrir un bâtiment en tuiles ou en laves ; dans le premier cas, il donne de hauteur à l'éguille de la ferme, $\frac{2}{3}$ de la longueur du bâtiment : & seulement $\frac{1}{2}$ de la largeur, si la charpente doit être couverte en laves. Ainsi, en supposant qu'un bâtiment ait trente pieds de largeur; l'éguille de la ferme de sa charpente aura vingt pieds d'élévation pour la couverture en tuiles, & quinze pieds seulement pour la couverture en laves. C'est sur ces proportions que, dans toute la Bourgogne les Charpentiers établissent la taille de leur bois dans les différents cas où les particuliers veulent faire couvrir leurs bâtiments soit en laves soit en tuiles. J'ai cependant vu des Charpentiers augmenter un peu la hauteur de l'éguille pour donner un peu plus de roideur & de grace aux toits ; & j'ai vu des Couvreurs en lave réussir très-bien à couvrir des charpentes ainsi taillées. Mais pour nous en tenir à l'usage le plus ordinaire, il faut s'arrêter aux dimensions de la moitié de la largeur du bâtiment pour la hauteur de l'éguille.

Les bois qu'on destine aux charpentes en lave, doivent être bien choisis & d'un fort équarrissage : ils consistent, pour faire la communication d'une ferme à une autre, ou d'un des pignons à une ferme, en une sabliere posée sur la muraille, & des pannes dont le nombre est plus ou moins grand, à proportion de la longueur de la pente ; mais leur distance de l'une à l'autre ne doit jamais être plus longue que de six pieds, dans la largeur des trente pieds supposés à un bâtiment; deux pannes de dix à onze pouces d'équarrissage seront suffisantes pour diviser le toit en trois espaces égaux, qui, à cause de l'épaisseur des pannes, ne seront chacun que de six pieds & quelques pouces ; le faîte est la piece qui va d'une éguille à l'autre de la ferme ou des pignons, dont les éguilles sont élevées & coupées comme les fermes mêmes : la distance d'une ferme à une autre ou d'une ferme à un pignon ne doit jamais être de plus de dix à douze pieds, sans quoi les pannes qui portent tout le poids de la couverture, sans autre soutien, se trouveroient trop fatiguées. La ferme étant montée, & les pannes mises, on pose les chevrons, qui doivent s'étendre depuis le faîte jusques sur la sabliere où ils sont arrêtés par des pas taillés dans cette piece. Nous avons dit que les pannes devoient être fortes : il faut aussi que les chevrons ayent une force proportionnée ; la distance entre ces chevrons doit être d'un pied à quinze pouces au plus. Il y en a qui par une mauvaise économie les éloignent davantage : mais alors la latte en lave dont nous allons parler, se trouve trop chargée ; elle plie, & le toit devient absolument ondé.

L'espece de latte qu'on emploie pour la couverture en lave, consiste en des brins de chêne de dix, douze, quatorze ou quinze pouces de circonférence par le pied, & de douze à dix-huit pieds de long. Le Charpentier, après les avoir superficiellement écarrés de deux faces, les fend dans toute leur longueur ; le rond ainsi divisé forme deux lattes ; il les attache en travers sur les chevrons avec des clous, ou plus ordinairement avec des chevilles de bois, & alors toute la charpente se trouve lattée. La seule attention qu'il faut avoir, c'est que le Charpentier ne latte pas trop large, qu'il ne mette pas ses lattes à la distance de plus de trois à trois pouces & demi l'une de l'autre, & qu'il ait attention que les bouts des lattes portent toujours sur la muraille du pignon & sur les chevrons, sans laisser les bouts porter à vuide, ce qui tôt ou tard attireroit la ruine de la couverture ; les bois ainsi disposés la charpente est prête à recevoir la lave, & à permettre au Couvreur en lave de s'y occuper.

Préparation que le Couvreur en Lave, donne à la Lave avant de l'employer.

La lave sort brute des mains de l'ouvrier qui la tire. C'est une pierre plate & mince, de forme tout-à-fait irréguliere, terminée par des lignes différemment inclinées entre elles ; c'est en cet état qu'on la charie au pied des charpentes & des maisons que la lave doit couvrir ; on la range au pied des bâtiments en monceaux, comme elle avoit été rangée à la carriere. Si on mettoit la lave à plat, elle seroit cassée en morceaux par le poids des laves qu'on mettroit sur les laves inférieures. Les Couvreurs savent apprécier assez précisément la quantité de voitures qui leur est nécessaire par toise. Nous en dirons un mot ailleurs en parlant du prix auquel peut revenir, suivant les différents lieux la toise de cette espece de couverture. Quand la lave est arrivée au pied des murailles, le Couvreur trie celle qui est la plus épaisse. Il la taille avec un outil qu'il appelle *hachotte* qui est représenté *fig.* 6 ; cet outil a d'un côté la forme d'une petite hache à main qui n'est point tranchante, & de l'autre un marteau peu lourd, dont le poids est cependant suffisant pour casser les bavures des laves & abattre les angles qui rendroient la lave trop inégale. On voit cet outil P Q, *fig.* 6 : il est emmanché d'un morceau de bois d'environ dix-huit pouces.

Les laves que le Couvreur taille à terre sont seulement celles qu'il doit employer

employer directement sur les murailles : il les appelle *gouttieres* & *doubles gouttieres*. On dira bien-tôt qu'elle est la distinction des unes & des autres, en parlant de la façon dont l'Ouvrier travaille ; quand il a taillé de ces laves épaisses ce qu'il lui en faut pour faire deux rangs chacun de la longueur du bâtiment qu'il a à couvrir pour chaque muraille, il fait monter la lave ; & ce n'est que sur la charpente du toit, qu'il taille, au moyen d'un ou de plusieurs coups de marteau ou de hachote, les laves qu'il doit employer, lorsqu'il est nécessaire de les redresser, & à mesure qu'il doit les employer. Pour monter la lave, on dresse contre la muraille une échelle inclinée au point de pouvoir être soutenue de deux ou trois étais ou bois de bout ; alors dix, douze ou quinze personnes plus ou moins, suivant la hauteur du bâtiment, montent sur cette échelle, en se tenant à la distance nécessaire l'une de l'autre, pour que celle qui est au-dessus puisse prendre les laves à mesure qu'on les livre, de la maniere que nous allons le dire. Un Couvreur se tient au bas de l'échelle, & un autre Couvreur sur le toit. Le premier choisit les laves qu'il veut faire monter ; & celui qui est sur le toit les arrange comme il les reçoit, & suivant l'intention du Couvreur qui les livre à un manœuvrier qui est sur l'échelle : celui-ci met sur sa tête la lave qu'on vient de lui remettre ; un autre manœuvre qui est le plus voisin, la prend & la tend de main en main, & ainsi de suite jusqu'en haut : alors le Couvreur qui est sur le toit pose en premier lieu les gouttieres & doubles gouttieres sur les murailles, & il remplit ensuite l'entre-deux de chaque latte de laves, en les lardant pour ainsi dire entre deux. Quand la charpente est fort haute, le Couvreur est obligé d'employer un ou deux ouvriers ou manœuvres Couvreurs sur le toit pour conduire la lave jusqu'au faîte, & la placer, ainsi que nous l'avons dit, entre deux lattes, de façon qu'elle y soit assujettie. Une attention nécessaire en montant la lave, c'est de charger également chaque côté du toit ; sans cela, comme cette espece de couverture est fort lourde, il pourroit arriver qu'un des côtées de la charpente, après avoir été chargé, fît reculer le côté opposé ; aussi les Couvreurs intelligents qui emploient la lave, après avoir chargé le toit de la charpente d'un côté, chargent le côté opposé aux deux tiers ; ils finissent alors de charger le premier côté, & remplissent ensuite tout-à-fait le second. Tout étant préparé, le Couvreur est prêt à s'employer & à couvrir le bâtiment.

Maniere dont le Couvreur employe la lave pour former le toit.

Nous avons parlé des laves taillées que le Couvreur appelle *gouttieres*, *doubles gouttieres* & *arriere-gouttieres*. Voici l'usage de la double gouttiere : elle sert au Couvreur à pouvoir avancer la lave qu'il appelle *gouttiere*, de quelques pouces de plus qu'il ne pourroit le faire, s'il ne mettoit pas la double gouttiere. Les murs bien faits ont toujours un certain talus insensible ; si le Couvreur en lave n'avoit soin par l'usage de l'arriere-gouttiere d'avancer la laye qu'il appelle *gouttiere* le plus qu'il lui est possible, la pluie, l'eau de la neige tomberoit sur la muraille, & pourroit la dégrader ; il pose donc d'abord sur la muraille la pierre qu'il appelle *double gouttiere*, ou *arriere-gouttiere*, il la fait avancer de trois à quatre bons pouces ; & c'est sur cette arriere-gouttiere qu'il pose la gouttiere en l'avançant le plus qu'il peut ; l'arriere-gouttiere sert de bras d'appui à la gouttiere même. Le Couvreur, pour aligner la double gouttiere & la gouttiere, se sert de deux bâtons ou fiches de fer dont chacun est fixé au bord de la muraille, & il tend par leur moyen un cordeau parallélement au mur, ayant soin de suivre cet alignement. Dès que le Couvreur a posé ses gouttieres & employé sur la muraille les laves les plus épaisses & les plus lourdes en formant ses rangs tout de suite, & les couvrant chacun avec une petite retraite de deux ou trois pouces, il emploie, pour former les rangs supérieurs jusqu'au faîte, les laves qui sont entre les lattes, & dont il a chargé la charpente ; il les taille à mesure d'un petit coup de hachote ou de marteau ; il suit, pour l'alignement, chacun des rangs dont le premier seul a été aligné au cordeau ; il a soin seulement que le joint de deux laves tombent toujours à-peu-près sur le milieu de la lave inférieure, c'est-à-dire, qu'il évite que le joint de deux laves du rang supérieur corresponde au joint de deux laves du rang inférieur, & il continue sa couverture ainsi jusqu'au faîte. La lave est mise à plat sur les lattes, elle y tient par son propre poids, rien ne l'arrête que la pesanteur des rangs supérieurs dont la sienne même est chargée. Quand il est question de finir la couverture, quand on est arrivé au faîte, le Couvreur met alors à plat sur la réunion des deux côtés du couvert deux rangs de laves : c'est ainsi que se fait le faîtage des maisons de paysans, des granges & des bâtiments de campagnes ; mais les Particuliers qui sont plus soigneux de la conservation de leurs bâtiments, emploient des faîtieres de tuile comme aux couvertures en tuile ; on les assujettit en les posant sur un bon lit de mortier. J'ai vu encore qu'il m'a réussi de faire les faîtieres de pierre de taille larges de dix ou huit pouces & grossiérement arrondies, supérieurement posées à mortier ou à ciment au-dessus de la réunion des deux parties du toit ; cette façon est peut-être la meilleure dans les lieux où la pierre de taille n'est pas trop chere. Quand on s'en tient à ne terminer le faîte que par une simple lave, comme elle est petite & par conséquent peu lourde, les pigeons, les gros oiseaux, les vents impétueux peuvent plus aisément dégrader le faîte, & c'est assez généralement par cet endroit qu'il se forme des gouttieres sur les bâtiments qui sont couverts en laves. Une attention qu'on doit apporter quand on fait couvrir un bâtiment, comme celui que nous avons donné pour exemple, composé de deux murs de gouttieres & de deux pignons, c'est de faire observer au Couvreur de pousser les laves qui couvrent le pignon de quelques pouces au-delà du pignon. Cette précaution empêche le pignon d'être abreuvé, ce qui arrive quelquefois quand la couverture ne vient qu'à fleur & à rase de la muraille du pignon. Quoique nous ayons donné pour exemple le bâtiment le plus simple, il n'y en a aucun qui ne soit susceptible d'être couvert en lave ; les Tours même d'Eglise rondes & quarrées, les clochers, les pavillons de toute espece, pourvu qu'ils soient solidement bâtis, & que les charpentes soient construites de bois sain & d'un fort équarrissage, peuvent être couverts de cette façon, & le sont avec beaucoup d'avantage tant pour la sûreté des bâtiments que pour l'économie de la dépense.

Avantages de la Couverture en Lave.

La couverture en lave, quand elle est bien faite & nouvelle, a l'apparence de celle en tuile rouge ou brune suivant la couleur de la lave employée ; en vieillissant, elle prend un ton de couleur plus ou moins rembruni, & quant au coup d'œil & à l'agrément, il n'y a qu'une différence médiocre entre cette couverture & celle en tuile ; mais la couverture en lave ne craint aucun des accidents auxquels celle-ci est sujete : la grêle, les ouragans, les vents n'ont que trop fait sentir aux Propriétaires des batimens couverts en tuile, combien ils ont de dommages à réparer ; le poids de la couverture en lave garantit les toits de la prise des vents, & la résistance de cette pierre à la grêle la plus violente ne laisse de ce côté aucune prise sur elle. Si nous considérons la diminution de la dépense dans le prix de la couverture, nous y trouverons un avantage qui ne sera pas moins marqué ; dans beaucoup de lieux, le prix de la toise quarrée de la couverture en lave n'excede pas deux livres dix sols, à trois livres ; & encore la toise de Bourgogne est-elle de sept pieds $\frac{1}{2}$, ce qui fait cinquante-six pieds un quart, cela est bien différent de la toise de Paris, qui ne comprend que trente-six pieds quarrés. On paye le Couvreur en lave sur le pied de trente sols par toise ; & en beaucoup d'endroits il fournit encore la lave pour ce prix. On paye, pour faire monter la lave, un sol par heure aux femmes qui la montent & qui sont placées de distance en distance sur l'échelle. A l'égard du charroi, il varie suivant le plus ou le moins de distance, la difficulté des chemins, & la cherté des fourrages dans les lieux de passage ; mais en général on peut assurer que dans les lieux où la lave peut s'employer, la toise de couverture, le charroi compris, ne revient jamais au plus cher qu'à six livres, & qu'elle est même en un plus grand nombre d'endroits d'un prix moyen entre trois livres & six livres. Les Couvreurs comptent qu'il faut par chaque toise trois voitures de laves charriées par des chevaux de paysans de médiocre grosseur ; le Charretier fait son prix à la toise qu'on ne lui paye quelquefois que vingt sols.

La couverture des murs de clôture se paye sur le pied de la toise quarrée, & l'on compte ordinairement trois toises courantes de mur pour une toise quarrée.

Ce que nous venons de dire de la médiocrité du prix de la couverture en lave pour les lieux où on peut l'employer, paroîtra encore bien plus frappant si l'on fait attention à la longue durée de cette espece de couverture. Il est ordinaire de voir des bâtiments couverts depuis soixante-quatorze ans, & sur lesquels il n'y a encore nulle réparation à faire. J'en connois plusieurs que je suis assuré qui ont été couverts il y a près d'un siecle, sans qu'on ait été obligé d'y toucher. La qualité de la lave contribue beaucoup à cela, dans les lieux où elle est d'une excellente qualité, où elle ne peut point être attaquée par la gelée, où on ne l'a employée qu'après une entiere dessiccation ; au contraire, dans les lieux où la lave se pourrit, ou que la gelée attaque, il faut renouveller cette couverture quelquefois au bout de trente ou trente-cinq ans ; mais dans ce cas, & c'est même le plus

L'ART DU COUVREUR.

défavorable, on n'eſt obligé de charrier & de rapporter qu'environ un tiers, au plus une moitié de nouvelle lave. Ainſi, en comptant tout, un Particulier qui eſt chargé de l'entretien de cent cinq toiſes de couverture ne ſera obligé que d'en réparer trois toiſes par an, en ſuppoſant toutefois qu'il n'arrivera pas d'accidents extraordinaires & imprévus, c'eſt-à-dire, qu'il lui en coûtera tout au plus, ſuivant les lieux, depuis neuf juſqu'à dix-huit livres par an pour l'entretien de cent cinq toiſes de couverture. Il faut convenir que les couvertures en lave exigent une charpente plus forte, & des bois bien choiſis; mais l'excédent de cette dépenſe ne peut entrer en compenſation avec l'économie & la ſûreté des couvertures faites avec la lave.

EXPLICATION DES PLANCHES
DE L'ART DU COUVREUR.

PLANCHE PREMIÈRE.
Où l'on expoſe la façon de couvrir avec le Chaume.

F IG. 1. *A*, champ de chaume ſur pied; *B*, Ouvrier qui le coupe; *C*, chaume coupé par petites braſſées; *D*, meulon de chaume: il repréſente auſſi un meulon de froment ou d'avoine qui eſt couvert avec de la paille longue, comme on l'explique dans le Mémoire.

Fig. 2. Ouvrier qui raſſemble les brins de chaume pour en former des javelles.

Fig. 3. Ouvrier qui lie les javelles avec un lien de paille longue.

Fig. 4. tas de javelles.

Fig. 5. Ouvrier qui ſecoue le chaume pour arranger tous les brins ſuivant leur longueur.

Fig. 6. bâtiment qu'on couvre avec du chaume; *E*, le faîte de la charpente; *F*, les pannes ou filieres; *H*, endroit latté; *S*, Ouvrier qui poſe les javelles; *d e f*, partie du toit qui eſt couverte; *O*, l'égout; *b*, javelles qui ſont poſées ſur les couſſinets qui forment l'égout; *P P*, javelles qui couvrent le pignon; *R R*, ridelle qu'on met ſur les rives pour empêcher que le vent n'emporte les javelles; *T*, fenêtre ou gerbiere qu'on pratique dans le pignon pour ſe diſpenſer de faire des lucarnes ſur le toit; *Q*, chevilles ponctuées qu'on enfonce dans le garni du pignon pour mieux retenir les javelles; *N*, échelle pour monter ſur le toit.

Fig. 7. harts qui ſervent à lier les javelles ſur les chevrons ou la latte; *b*, le gros bout qu'on appointit; *a*, le bout menu où l'on fait une boucle; ces harts ſervent auſſi à faire les couſſinets.

Fig. 8. grandes javelles qu'on lie par des enlaſſements d'oſier comme on le voit en *a*, *b*, *c*, *d*, & qu'on coupe en *i* pour faire deux couſſinets.

Fig. 9. couſſinet pour faire les égouts.

Fig. 10. Ouvrier qui monte des javelles ſur le toit.

Fig. 11.

Fig. 11. La coupe d'un toit où l'on voit le faîte de la charpente & deux chevrons chevalés dessus : *a*, le coussinet d'égout en place & lié par une hart *b* ; *d*, *f*, &c. les javelles qui se recouvrent les unes les autres, & qui sont liées par les harts *b* au chevron *e* ; *m*, *l*, grande javelle faîtiere ; *i*, *n*, *k*, terre dont on charge les javelles faîtieres pour empêcher que le vent ne les emporte.

Fig. 12. Javelle vue par son épaisseur ; *a*, *b*, l'endroit où elle est la plus épaisse ; *c*, *d* & *e*, *f*, endroits où elle perd de son épaisseur.

Fig. 13. Palette dont se servent les Couvreurs pour mettre du chaume aux endroits où il en manque.

Fig. 14. Peigne qui sert à polir l'ouvrage.

Fig. 15. Fourche qui sert à monter les javelles sur les toits quand ils ne sont pas trop élevés.

Fig. 16. Muraille couverte d'un chapiteau de chaume ; *a*, *b*, de grandes javelles qui sont chargées de terre *c*.

Fig. 17. Panier avec une corde qui sert à monter la terre dont on charge les javelles.

Fig. 18. Muraille vue de long & couverte d'un chapiteau de chaume.

Fig. 19. La faux pour couper le chaume.

Fig. 20. Botte de roseau.

Fig. 21. Couverture en roseau ; *a*, le coussinet de chaume ; *a*, *b*, *a*, *e*, sert à faire concevoir comme on met les brins de roseau en talus ; *c*, *d*, *f*, *g*, *h*, sont les harts qui lient le roseau.

Fig. 22. Paille longue ou gerbe préparée par poignée pour couvrir un gerbier.

Fig. 23. Fossille.

Fig. 24. *A*, truelle de fer.

Fig. 24. *B* 2, petite palette de bois ou curette pour nettoyer la truelle.

Fig. 25. Pioche pour fouiller la terre.

Fig. 26. Auge pour mettre le mortier, qui n'est que de la terre délayée.

Fig. 27. Pelle pour charger la terre & le mortier.

PLANCHE II.

Où l'on expose la façon de couvrir en Tuile.

Fig. 1. Une chanlatte ; *a*, le bord épais ; *b*, le bord tranchant ; *B*, le bout d'une membrure qui est destinée à être refendue en chanlatte par le trait *C D*.

Fig. 2. Coupe d'un toit ; *E*, la tuile montée & piquée dans la latte ; *h*, tablette de pierre de taille sur laquelle pose le bout des chevrons ; *g*, le doubli & le sous-doubli qui forment l'égout ; *a*, *b*, *c*, *e*, *f*, *d*, tuiles qui sont en recouvrement.

Fig. 3. représente un égout pendant ; *a*, la chanlatte avec le doubli & le sous-doubli ; *b*, *c*, *d*, les tuiles accrochées à la latte, & l'on voit leur pureau.

Fig. 4. représente un toit, *A*, *B*, *D*, *C*, vu de face ; *a*, *a*, *a*, &c. sont les chevrons ; *c*, une contre-latte entre deux chevrons ; *d*, *d*, deux contre-lattes entre deux chevrons ; *e*, *e*, *e*, &c. les lattes du bâti ; *b*, *b*, *b*, &c. les lattes du remplissage.

Fig. 5. un contre-lattoir : c'est un instrument de fer qui sert à tenir coup sous les contre-lattes ; la traverse, *b*, *b*, s'appuye sur les lattes ; & le crochet *a*, appuye sous la contre-latte pour tenir coup.

Fig. 6. représente des tuiles plates vues en différents sens ; *a*, une tuile plate vue du côté du crochet *a* ; *b*, une tuile plate vue par-dessus : on ne voit point le crochet ; on y a représenté deux trous pour clouer la tuile sur la latte quand on le juge à propos ; *c*, tuile arrondie par en bas ; les toits couverts avec ces tuiles représente les écailles des poissons ; *d*, tuile plate, vue dans le sens de son épaisseur, & qui est plate comme elles doivent l'être pour faire les égouts ; *e*, tuile plate vue de son épaisseur & un peu pliée dans le sens de sa longueur, pour que le bord inférieur s'applique plus exactement sur les toits qu'elles recouvrent.

Fig. 7. elle est destinée à faire voir comment on arrange les tuiles pour les toits à clair-voies ; les lignes ponctuées indiquent la partie des tuiles qui est recouverte par le rang de dessus.

Fig. 8. œil de bœuf en poterie.

Fig. 9. désigne comment on doit faire les approches & les contre-approche auprès des arrêtiers ; si l'on mettoit les tuiles entieres comme *a*, *b*, *c*, *d*, la tuile *e* de l'arrêtier ne pourroit pas être accrochée à la latte, au lieu qu'au moyen des approches & des contre-approches *g*, *f*, la tuile de l'arrêtier *h* peut être accrochée à la latte ou clouée sur l'arrêtier.

Fig. 10. représente une file de tuiles creuses en oreille de chat qu'on met quelquefois sur les arrêtiers.

Fig. 11. deux bâtiments qui tombent l'un sur l'autre à angle droit pour former une noue ; *A*, *B*, petit bâtiment qui se jette sur le grand bâtiment *C*, *E*, *D*, *G*.

Fig. 12. autre noue formée par le bâtiment *C*, *D*, *E*, *F*, qui se jette sur le bâtiment *A*, *B*.

Fig. 13. disposition des tuiles pour faire les noues à onglet ; *a*, tuile mise de biais ; *b*, *b*, *b*, tuiles couchées ; *e*, *e*, tuiles droites.

Fig. 14. faîtieres *a* mises en place avec leur mortier *b*.

Fig. 15. *d*, tuile entiere ; *e*, tuile gironnée ; *f*, tuile dépesée ou échancrée seulement d'un côté ; *a*, faîtiere ; *b*, tuile creuse en oreille de chat ; elle est plus large du côté de *g*, que du côté de *h* ; *c*, tuile en *S*.

Fig. 16. toit d'un pavillon pour faire concevoir qu'on ne peut pas faire exactement cette couverture sans tuiles gironnées.

Fig. 17. muraille couverte avec des tuiles & des faîtieres.

Fig. 18. la partie *a*, *b* est couverte avec des tuiles creuses, & la partie *c*, *d* avec des tuiles en *S*.

Fig. 19. coupe des tuiles creuses où l'on voit que les tuiles *b*, *b*, couvrent les joints des tuiles *a*, *a*, *a*.

Fig. 20. une portion de toit couvert avec des tuiles plates.

Fig. 21. fait voir comment s'arrangent les tuiles qu'on nomme *nouettes*.

Fig. 22. représente une autre disposition de tuiles en nouettes.

Fig. 23. truelle bretée pour dresser les ouvrages en plâtre.

L'ART DU COUVREUR.   51

Fig. 24. est la disposition des tuiles pour former un égout ; *a*, *a*, *a*, les tuiles du sous-doubli ; *b*, *b*, *b*, les tuiles du doubli.

Fig. 25. bouloir pour faire le mortier de chaux.

Fig. 26. différentes vues de faîtiere ; *a*, avec une faîtiere renversée ; *b*, avec deux petits comblés ; *c*, avec un œil de bœuf.

Fig. 27. auge pour gâcher le plâtre.

Fig. 28. truelle à plâtre ; elles sont ordinairement de cuivre.

PLANCHE III.
Où l'on expose la façon de couvrir en Ardoise.

Fig. 1. toit qu'on couvre en ardoise ; *a*, *a*, *a*, les chevrons ; *b*, *b*, *b*, les contre-lattes de sciage ; *c*, *c*, *c*, les lattes volisses ; *d*, *d*, *d*, les ardoises clouées sur les lattes.

Fig. 2. la moitié d'une planche volisse *a a*, attachée avec trois clous sur un chevron *b b*.

Fig. 3. égout pendant ; *a*, le chevron ; *b*, une chanlatte ; *c*, les deux ardoises de l'égout, qui font le doubli & le sous-doubli.

Fig. 4. *A*, les deux ardoises du doubli & du sous-doubli posées comme elles doivent être, les deux chanfreins en dehors ; *B*, les deux ardoises mal placées, les deux chanfreins étant en dedans.

Fig. 5. égout pendant, établi sur des coyaux ; *b*, le coyau ; *c*, la chanlatte ; *a*, les clous qui arrêtent les coyaux sur les chevrons ; *d*, les ardoises du doubli & du sous-doubli qui forment l'égout ; *e*, *f*, les ardoises du toit qui forment leur pureau.

Fig. 6. égout retroussé avec les coyaux ; *a*, l'entablement ; *c*, rangs de tuiles posées à mortier ; *d*, le doubli & le sous-doubli ; *e*, *g*, *h*, les ardoises du toit ; *f*, le coyau : on met quelquefois au-dessus de *a*, un solin de plâtre.

Fig. 7. exemple d'une couverture qui est d'inégale largeur dans son étendue, pour faire voir comment on parvient à rendre les rangs d'ardoises parallèles au faîte.

Fig. 8. égout retroussé, assis sur des briques au lieu d'entablement de pierre de taille ; *A*, plusieurs rangs de brique.

Fig. 9. cette figure sert à faire comprendre comment on couvre un faîtage en ardoise sans tables de plomb ; *a*, le faîte ; *b*, ardoise qu'on met du côté du fort vent & qui excède l'ardoise *c*.

Fig. 10. arrondissement d'ardoise pour former des noues fort larges sur des toits très-plats.

Fig. 11. cette figure sert à faire voir la forme des différentes lucarnes qui sont le plus en usage ; *A*, lucarne à demoiselle ; *B*, lucarne à mansarde ou rampante ; *C*, lucarne à la capucine ; *D*, lucarne flamande ; *E*, lucarne à foin.

Fig. 12. *a*, *b*, *c*, un chevalet de pied qu'on attache avec des cordes aux chevrons, & qui s'appuie sur la muraille *d*, *d*, pour faire l'égout *e*.

Fig. 13. exemple d'une noue.

Au bas de la Planche troisieme sont les outils qui servent pour fouiller la lave, & en former une couverture.

L'ART DU COUVREUR.

PLANCHE IV.

Suite du Couvreur en Ardoise où l'on expose la façon de s'échafauder.

Fig. 1. tire-clou, inftrument de fer mince dont on fe fert pour arracher les clous, lorfqu'on veut réparer une couverture d'ardoife.

Fig. 2. elle fert à faire voir comment on dérange une ardoife en la pouffant d'un côté, pour remettre une ardoife qui a été rompue ou détachée par le vent.

Fig. 3, 4 & 5, chevalets de pied différemment conftruits & vus en différentes pofitions ; on a vu un de ces chevalets en place fur la Planche troifieme (*fig.* 12.).

Fig. 6. traquet ou chevalet de comble : on le voit en place (*fig.* 7).

Fig. 7. *a, a*, deux traquets attachés par des cordages aux chevrons en *b, b* ; *c, c*, échelle couchée fur les traquets ; *d, d*, une planche pofée fur l'échelle ; *e*, Couvreur qui taille une ardoife fur fon enclume ; *f*, Couvreur qui cloue une ardoife ; *g*, pile d'ardoifes.

Fig. 8, 9, 10 & 29. bouriquets pour foutenir les ardoifes fur les toits à portée de la main des Couvreurs : on en voit un en place (*fig.* 7.) coté 29.

Fig. 11. *A C*, échelle couchée fur le toit & garnie de fes couffinets, pour ne pas rompre les ardoifes, avec un apprentif Couvreur qui porte des ardoifes fur fa tête.

Fig. 12. lucarne par laquelle eft forti le manœuvre qui eft fur l'échelle.

Fig. 13. deux échelles chevalées fur un comble pour y faire des réparations.

Fig. 14. étrier, que les Couvreurs mettent à leurs jambes pour monter à la corde nouée ; *a, a*, le jambier ; *c, e*, les jarretieres qui enveloppent la jambe ; *b*, la partie qui eft fous le pied ; *d*, le crochet dans lequel paffent les nœuds de la corde.

Fig. 15. fellette fur laquelle s'affeoit le Couvreur qui monte à la corde nouée.

Fig. 16. Couvreur qui monte à la corde nouée.

Fig. 17. elle eft deftinée à faire voir comment les Couvreurs montent jufqu'à la pointe des fleches des clochers ; d'abord ils paffent une groffe corde nouée par les lucarnes *A*, qui font faites auffi haut que la charpente a pu le permettre, & le Couvreur s'éleve jufqu'à cette hauteur fans difficulté ; mais pour s'élever jufqu'à l'amortiffement qui eft à la pointe, il a une corde nouée légere & de bon chanvre *B* ; la tenant de la main droite comme on le voit en *C*, & portant le bras droit en avant comme on le voit en *D*, il enveloppe la pointe de la fleche avec cette corde le plus haut qu'il peut comme vers *E* ; il atrappe le bout de cette corde avec une latte, & il lie la partie *C* avec la partie *E*, le plus ferré qu'il lui eft poffible ; il fe tranfporte enfuite fur cette petite corde, & il s'éleve le plus haut qu'il peut ; il prend l'autre bout *F* de cette même corde, & la jettant plus haut, il gagne peu-à-peu l'amortiffement ; alors il attache fa groffe corde nouée avec une anfe de corde *D*, *A*, (*fig.* 18.) & une cheville de bois dur *B*, qu'il paffe dedans ; quand il a fait fa réparation, il defcend fur cette groffe

corde

corde jufqu'à la hauteur des lucarnes *A* (*fig.* 17.); & quand il s'eft établi fur la corde nouée qui paffe par les lucarnes, il tire la ficelle (*fig.* 18.) *C* qui répond à la cheville *B*; & ayant dégagé cette cheville de l'anfe de corde où il l'avoit paffée, la corde nouée tombe d'elle-même.

Fig. 19. l'enclume du Couvreur; il l'a faifit par *b*; il frappe la pointe *c*, fur un chevron, l'enclume s'y attache, & en pofant l'ardoife fur la face, *a*, *b*, il la taille avec la partie tranchante du manche de fon marteau, *a*, *a*, *fig.* 20. Il perce les ardoifes pour y mettre les clous avec la pointe *b*; pour cela il pofe l'endroit qu'il veut percer fur fon enclume, & frappant un coup fec avec la pointe, il perce l'ardoife; & pour que fes trous foient bien placés, ayant mis l'ardoife à la place où elle doit être pofée, il marque avec la pointe de fon marteau les endroits où doivent être les trous: le côté *c*, du marteau lui fert à frapper fur la tête des clous. *Fig.* 26. eft un pareil marteau, mais plus petit.

Fig. 21. eft un compas qui fert quelquefois à marquer fur l'ardoife la largeur qu'elle doit avoir pour remplir précifément un endroit vuide.

Fig. 23. eft une truelle de plâtrier.

Fig. 24. eft une batte de plombier, parce que dans les Provinces les Couvreurs font fouvent obligés de mettre en place les tables de plomb.

Fig. 25. eft une affette tranchante du côté de *a*, & plate du côté de *b*: elle fert pour latter.

Fig. 27. eft un panier en crible pour paffer le plâtre; mais il faut que les ofiers foient beaucoup plus près à près qu'ils ne font repréfentés dans la figure.

Fig. 28. eft une chaife renverfée & attachée au haut d'une échelle: elle fert à réparer les égouts.

EXPLICATION
De quelques Termes propres à l'Art du COUVREUR.

A

APPROCHES. Pour bien couvrir les tranchis & les arrêtiers, on diminue la largeur des tuiles par en haut, afin que la derniere tuile qu'on pose sur le rivet ou sur l'arrêtier, ne soit pas triangulaire, c'est ce qu'on nomme des *approches* & des *contre-approches*.

ARDOISE, pierre qui se divise au sortir de la carriere par feuillets minces. On les distingue suivant leur qualité, en *gros poil noir*, en *poil roux*, en *quarree forte*, en *quarrée fine*, la *petite fine*, le *tout ensemble*, la *quartelle*, la *léridelle*. Voyez page 26, & le Traité de la fouille de l'Ardoise.

ARRÊTIERS : c'est un angle saillant qui s'étend de l'aiguille à l'égout, & qui borde les croupes par deux arrêtes. Pour les bien couvrir, il faut échancrer des tuiles pour faire des approches & des contre-approches. Voyez *Approches*.

ASSEAU ou ASSETTE, sorte de marteau dont la tête courbée en portion de cercle porte d'un côté un tranchant pour couper les lattes, & de l'autre une surface plate pour frapper les clous : cet instrument sert pour latter.

AUGE, espece de caisse de bois qui sert à porter le mortier, & à gâcher le plâtre.

B

BASTI. Voyez *Latter*.

BOULOIR ou RABOT, perche à l'extrémité de laquelle on met une tête de bois pour remuer ou bouler la chaux avec le ciment.

BOURRIQUETS ou CHATS : ce sont des especes de chevalets légers sur lesquels on met l'ardoise, pour que le Couvreur l'ait sous la main.

BROCHER *la tuile* : c'est la passer de son épaisseur entre les lattes, pour que le Couvreur l'ait sous sa main.

C

* CHANLATTE : c'est un madrier refendu diagonalement d'une arrête à l'autre, ce qui forme deux pieces en couteau qu'on cloue sur l'extrémité des chevrons pour former les égouts pendants.

+ CHAPERON : c'est le petit toit qu'on met sur un mur pour empêcher que l'eau ne le pénetre ; on chaperonne ou l'on fait des chaperons avec de pierres posées à mortier de chaux, des tuiles & des faîtieres ; on en fait aussi avec l'ardoise.

CHATS. Voyez *Bourriquets*.

CHAUME : c'est le pied de la paille qui reste sur le champ quand on a coupé le grain dans le temps de la moisson.

CHAUMETTE, petite faux qui sert à couper le chaume. Voyez *sa description*, page 3.

CHEVALETS : ce sont des especes de consoles faites avec des planches minces & légeres que les Couvreurs attachent avec des cordes aux bois de la charpente, & sur lesquels ils s'échafaudent. Il y a des chevalets de pied & des chevalets de comble qu'on nomme *traquets*. Voyez page 34.

CONTRE-APPROCHES. Voyez *Approches*.

CONTRE-LATTE pour la tuile : ce sont de belles lattes quarrées qu'on cloue sur la latte parallélement aux chevrons. Les contre-lattes pour l'ardoise sont des chevrons refendus en deux à la scie.

CONTRE-LATTOIR : c'est un instrument de fer qui sert à appuyer la contre-latte contre la latte pour tenir coup, & aider à enfoncer les clous.

CORDE NOUÉE : c'est une grosse corde à laquelle on fait des nœuds qui arrêtent les crochets des étriers ou jambieres & de la sélette. Pour monter aux clochers, on a des cordes légeres nouées qu'on nomme *Fouet*.

COUSSINET, javelle de chaume coupée en deux. Voy. *Javelle*.

+ COYAUX : ce sont de petits bouts de chevrons qu'on cloue sur les chevrons qui portent sur l'entablement pour porter le toit en dehors ; quelquefois on cloue sur ces coyaux d'autres petits coyaux.

CROCHET, synonyme de Nez. Voyez *Nez*.

D

DOUBLI. Voyez *Sous-doubli*.

E

EGOUT : le bord inférieur du toit où se rend toute l'eau qui découle du toit ; on fait des égouts en chaume, en tuile & en ardoise. Ces derniers sont ou pendants ou retroussés.

ENCLUME du Couvreur pour tailler les ardoises. Voyez page 28.

ENFAITEAU, synonyme de faîtiere. Voyez *Faîte*.

ETRIERS ou JAMBIERS dont les Couvreurs se servent pour monter à la corde nouée. Voyez page 35.

F

† FAÎTE : c'est l'arrête où se réunissent en haut les deux toits : on couvre cette partie avec de grandes tuiles creuses qu'on nomme *faîtieres*, ou avec des tables de plomb ou avec des javelles faîtieres, quand on couvre en chaume.

FAUCHET, sorte de rateau qui a des dents de fer assez espacées les unes des autres, & qui s'étendent des deux côtés de la monture. Le fauchet sert à arracher le chaume.

FAUCHON, petite lame de faux emmanchée d'un morceau de bois qui n'a qu'un pied de longueur : il sert à couper le chaume tout près de terre.

FOUET, corde nouée légere. Voy. *Corde*.

G

GERBIER. Voyez *Meule*.

GOUTTIERE : c'est un demi-canal de bois ou de plomb, dans lequel l'eau coule comme dans un ruisseau. A l'égard des couvertures en chaume, on nomme *Gouttiere* des creux en forme de ravines que l'écoulement des eaux forme sur le toit.

H

† HART, jeune branche d'arbre encore verte qu'on tort sur elle-même, & qui sert à faire des liens assez forts & de bonne durée quand le bois est de bonne qualité, comme le charme, qui est plus propre à cet usage que le saule, le marsault, &c.

J

JAMBIERS. Voyez *Etriers*.

JAVELLE de chaume, est une botte de chaume faite avec des brins qu'on arrange bien parallélement les uns aux autres, & fermement serrés les uns contre les autres. Les javelles faîtieres sont plus grandes que les autres. Les égouts sont faits avec de grandes javelles qu'on coupe en deux : on les nomme *Coussinets*. Voyez page 4.

L

† LATTER : c'est clouer les lattes sur les chevrons ; on commence par clouer les lattes à 5 pouces ½ ou 6 pouces les unes des autres, ce qu'on appelle *faire le bâti*. Ensuite on cloue des cours de lattes entre celles du bâti pour faire ce qu'on appelle *le Rempli*.

LATTES : ce sont de petites planches minces fendues dans les forêts. Il y en a d'étroites qui servent pour la tuile, on les nomme *Lattes quarrées* ; d'autres plus larges servent pour l'ardoise, on les nomme *Lattes volisses* ou *voliches*. La *latte blanche* est une latte quarrée d'aubier ; elle sert pour les plafonds, parce qu'elle ne tache point le plâtre ; mais elle ne vaut rien pour les couvertures.

LAVES : ce sont des pierres plates & minces, dont on se sert dans plusieurs Provinces pour couvrir les bâtiments. Il ne faut pas confondre cette pierre avec la lave des Volcans : ces deux substances qui portent le même nom, ne se ressemblent point.

LUCARNES : ce sont des fenêtres qu'on pratique à la partie rampante du toit. Il y en a de bien des formes différentes.

M

MARTEAU de Couvreur ; il a le manche plat & tranchant ; la tête se termine d'un côté par une pointe pour percer l'ardoise, & de l'autre par une surface plate qui sert à frapper les clous.

MASSE, en Latin *Typha*, est une plante marécageuse qu'on emploie quelquefois, au lieu de roseaux, pour faire des couvertures ; mais elles ne sont pas si bonnes.

MEULE ou GERBIERE, tas de foin, de froment ou d'avoine auquel, on donne une forme pyramidale ou conique, & qu'on couvre de paille longue pour conserver féchement ces grains ou fourrages.

MOULE est le chassis de bois dans lequel on fait les tuiles ; il y en a de plus grands les uns que les autres ; c'est pourquoi on distingue les tuiles en celles du *grand* ou *petit moule*.

N

† NEZ : c'est une petite éminence de terre cuite qu'on ménage aux tuiles plates pour les accrocher à la latte.

NOUE : c'est l'angle formé par la rencontre de deux toits qui se jettent l'un sur l'autre ; ainsi une noue bien faite forme une gouttiere fort inclinée dans la rencontre des deux toits.

NOUETTE, tuile bordée d'une arrête qu'on emploie dans quelques Provinces. Voyez page 22.

O

† ŒIL DE BŒUF ou VUES DE FAITIERES : ce sont des ouvertures qu'on pratique sur les toits pour éclairer les greniers, où il n'y a ni croisées ni lucarnes. Il y en a de bien des sortes.

P

† PUREAU. On appelle ainsi la partie d'une javelle, d'une tuile ou d'une ardoise qui n'est point recouverte par les supérieures, & qui couvre les rangs de dessous : en un mot, c'est la partie apparente d'une javelle, d'une tuile, d'une ardoise.

R

REMANIER A BOUT : c'est défaire entiérement une couverture pour refaire le lattis ; réparer les chevrons, & la refaire à neuf.

REMPLI. Voyez *Latter*.

RIVETS. C'est le bord du toit qui se termine à un pignon : ce mot dérive de *Rive*, bord ; aussi dit-on, En approchant des rives, il faut faire des approches, des contre-approches, &c.

ROSEAU. Plante marécageuse qu'on emploie, au lieu de chaume, pour faire des couvertures, & elles durent plus que celles de chaume.

RUELLÉE. Quand un toit aboutit à un mur plus élevé, on fait, en approchant de ce mur, un tranchis qu'on recouvre d'un filet de plâtre; c'est ce qu'on nomme une *Ruellée*.

S

SELLETTE pour monter à la corde nouée. Voyez *page 35*.

SOLEMENT ou SOLIN de plâtre; c'est une espece de ravalement qu'on fait pour soutenir l'égout.

SOUS-DOUBLI : c'est un rang de tuiles qu'on pose à plat à bouin de mortier pour former un égout; on couvre ce premier rang d'un second qui le touche immédiatement, & qu'on nomme le *Doubli*.

T

TIRE-CLOU, fer mince qui porte sur ses côtés ou dents comme une crémaillere : il sert à arracher les clous d'entre les ardoises.

TRANCHIS. On appelle ainsi le rang de tuiles qui termine un toit en aboutissant sur un pignon ou sur un arrêtier.

TRAQUETS. Voyez *Chevalets*.

TRUELLE, espece de palette qui a le manche recourbé. Les Couvreurs se servent de trois différentes especes de truelles : savoir, la *truelle bretée* ; elle est triangulaire ; le manche s'éleve perpendiculairement au milieu ; elle sert à gratter le plâtre aux endroits où on en a trop mis : la *truelle du Plâtrier* de cuivre & arrondie par le bout, & la *truelle pour le mortier* qui est de fer, & qui se termine en pointe.

TUILE. Carreau de terre cuite dont on fait les couvertures. Il y en a de plates & de creuses. Entre les plates, les unes sont gironnées pour couvrir les colombiers, les autres dépecées ou hachées pour faire des approches & des contre-approches. Entre les creuses, il y en a en faîtiere, en oreille de chat, en S, en nouette.

V

VIRBOUQUET, cheville qui sert à arrêter la corde nouée à l'amortissement d'une fleche de clocher. Voyez *page 36*.

VOLISSE, planche volisse ou sapin frisé. Ce sont des planches minces qu'on emploie au lieu de lattes volisses. Quelques ouvriers disent *Volige* ou *Voliche*; mais je crois qu'il est mieux de dire *Volisses*.

VUE DE FAÎTIERE. Voyez *Œil de bœuf.*

FIN DE L'ART DU COUVREUR.

De l'Imprimerie de L. F. DELATOUR. 1766.

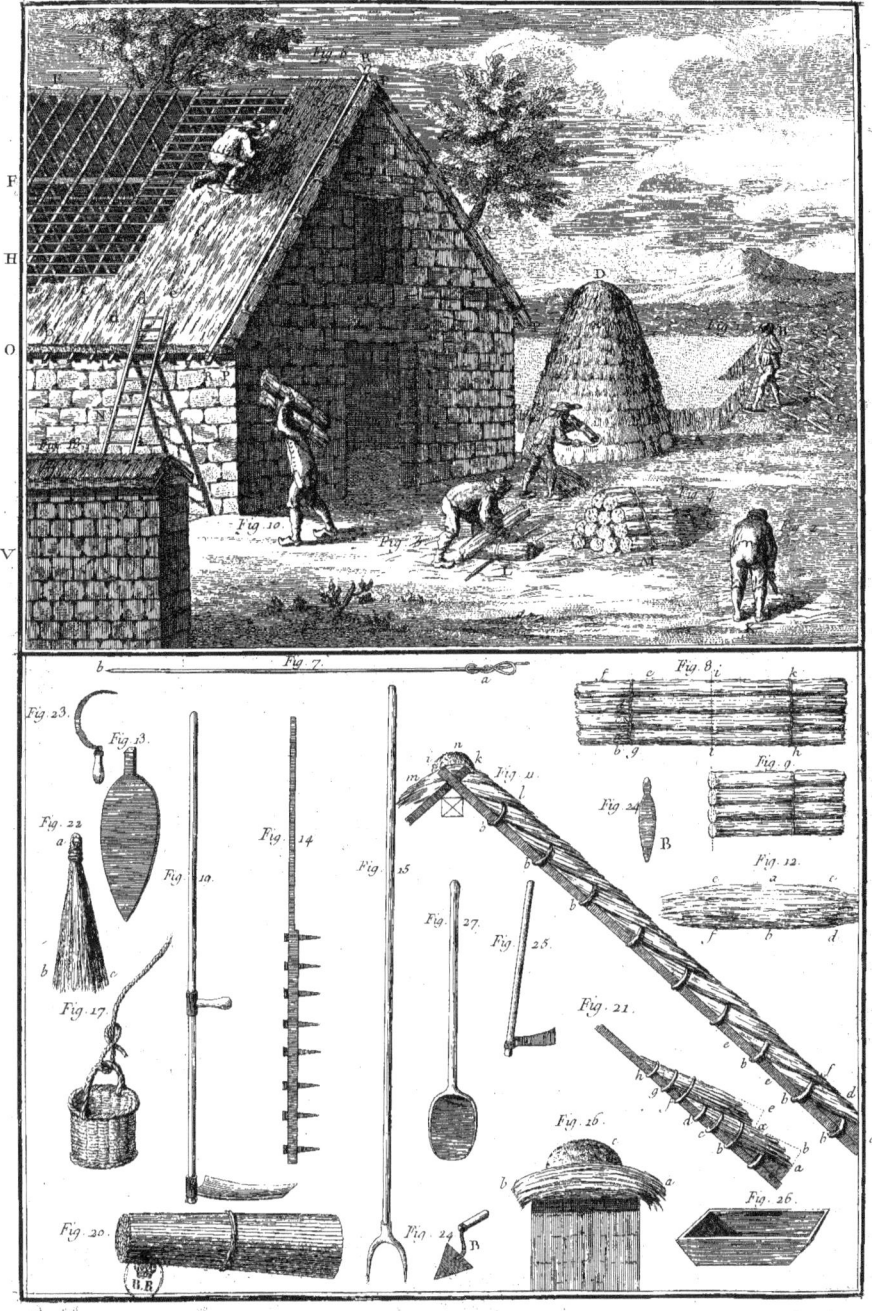

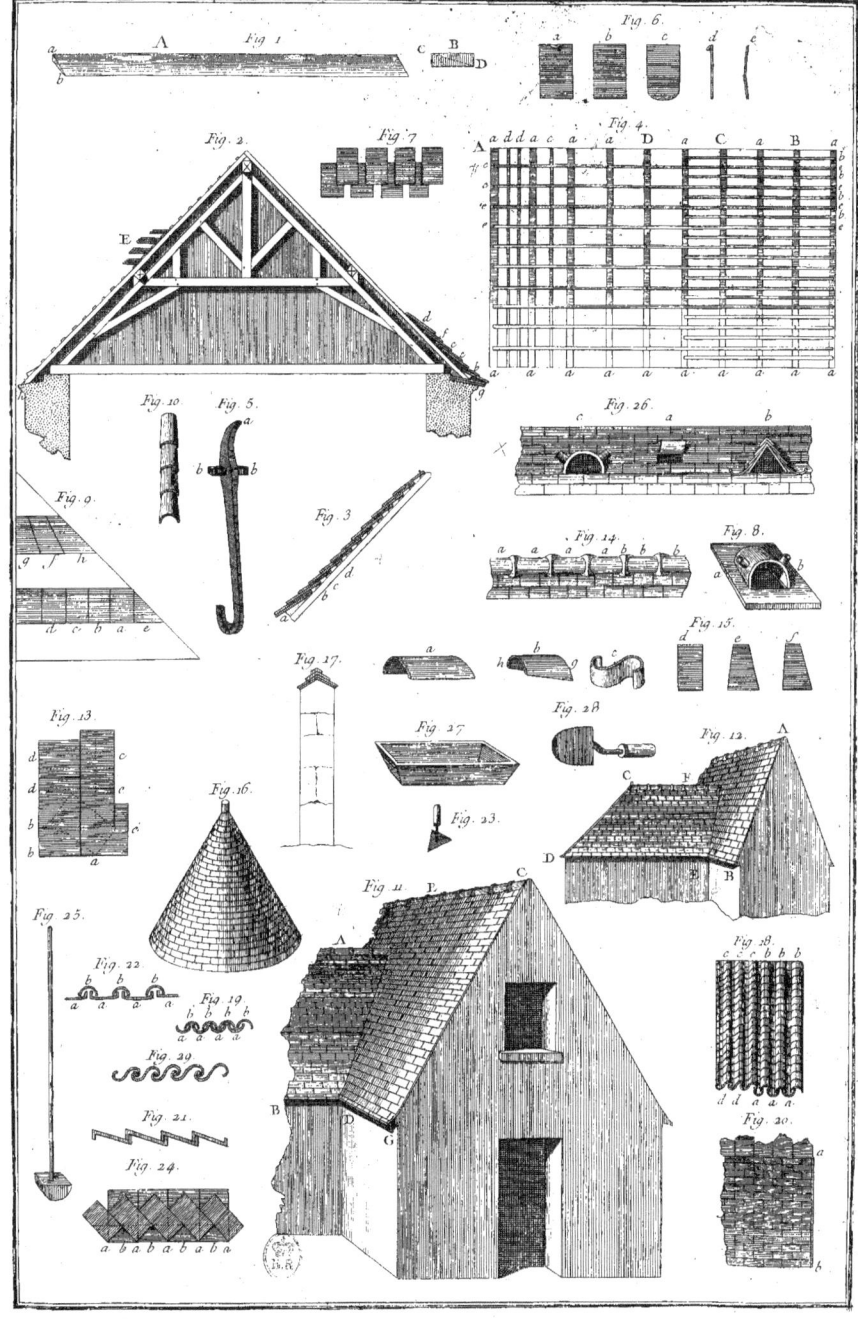
Couvreur.

www.ingramcontent.com/pod-product-compliance
Lightning Source LLC
LaVergne TN
LVHW051515090426
835512LV00010B/2538